RICARDO MAZAL

This publication accompanies a traveling exhibition of the same title. The exhibition tour includes:

Center for Contemporary Arts
Santa Fe, New Mexico, 2004

Museo Nacional de Antropología
Mexico City, 2004–05

Scottsdale Museum of Contemporary Art
Scottsdale, Arizona, 2006

Publishers
Fresco Fine Art Publications
Chiaroscuro Contemporary Art
Santa Fe, NM and Scottsdale, AZ
www.chiaroscurosantafe.com

Curator and Editor
Elizabeth Ferrer

Design and Production
Fresco Fine Art Publications
www.frescobooks.com

Photography and Reproductions
Mankus Studios, Santa Fe, NM
Santa Fe Editions
www.santafeeditions.com

Spanish Translations
Mónica Mayer

Printer
Areagroup Media
Milan, Italy

ISBN 0-9741023-8-5
Library of Congress Catalog Card Number: 2004113611

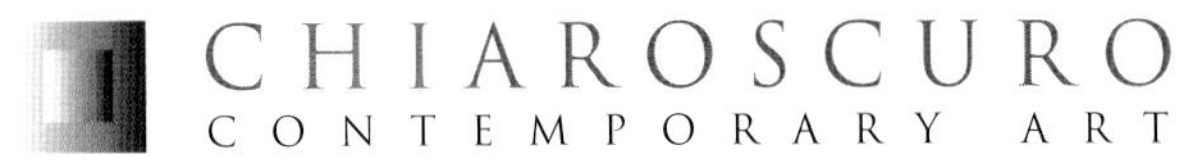

RICARDO MAZAL

LA TUMBA DE LA REINA ROJA FROM REALITY TO ABSTRACTION

I WOULD LIKE TO DEDICATE THIS BOOK TO FABIOLA, JULIA AND SOFIA MAZAL.
ME GUSTARIA DEDICAR ESTE LIBRO A FABIOLA, JULIA Y SOFIA MAZAL.

CONTENTS / CONTENIDO

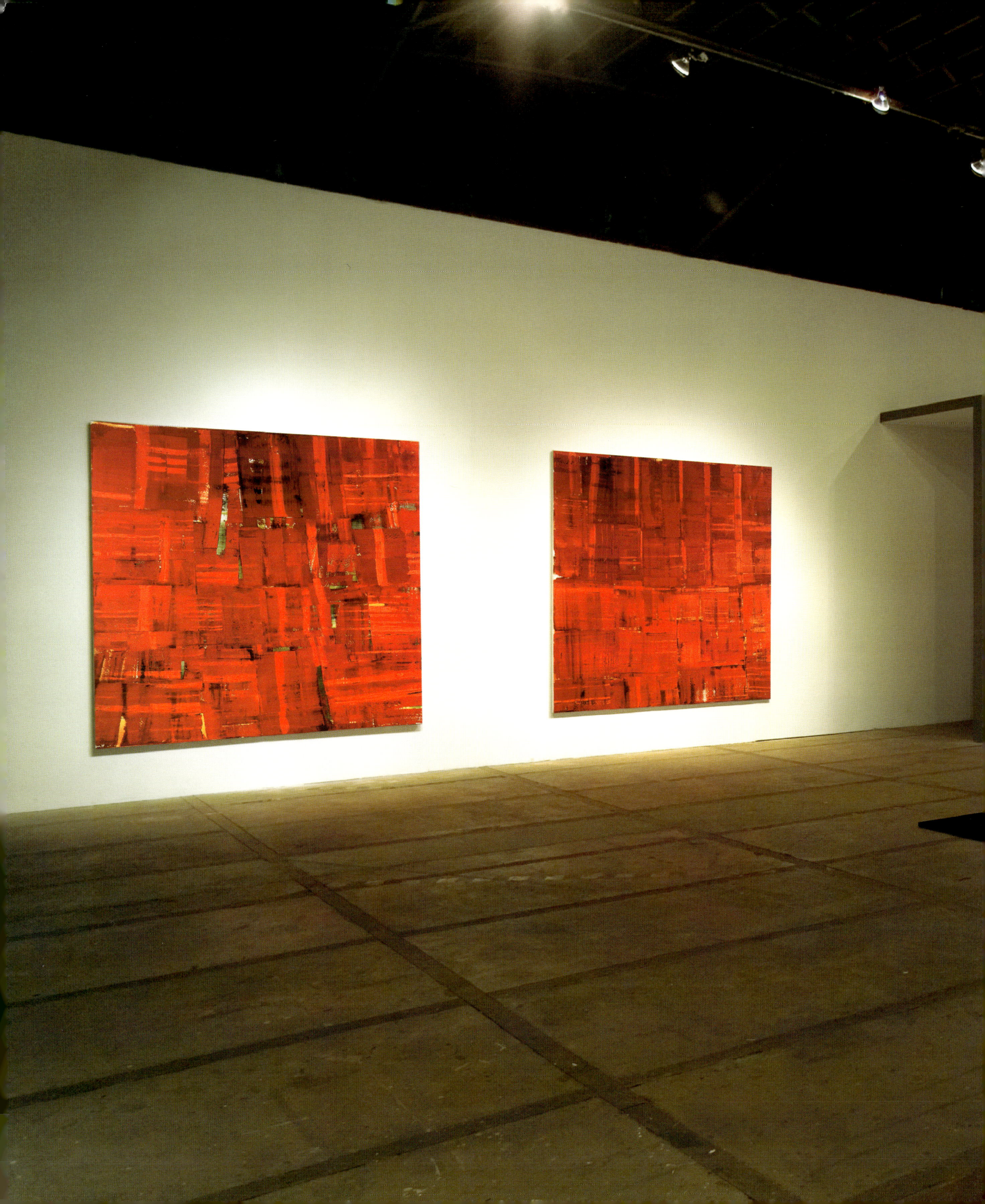

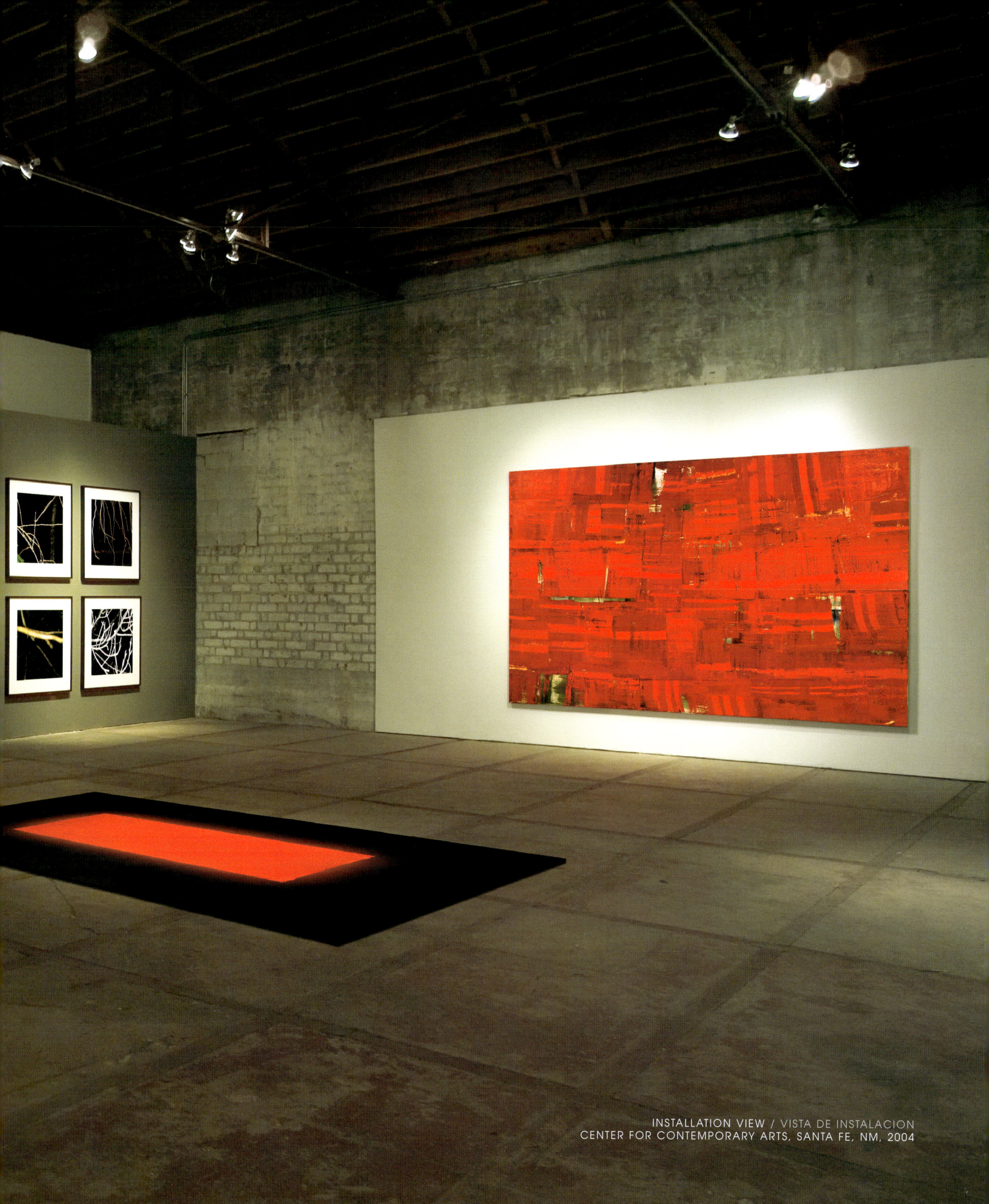

INSTALLATION VIEW / VISTA DE INSTALACION
CENTER FOR CONTEMPORARY ARTS, SANTA FE, NM, 2004

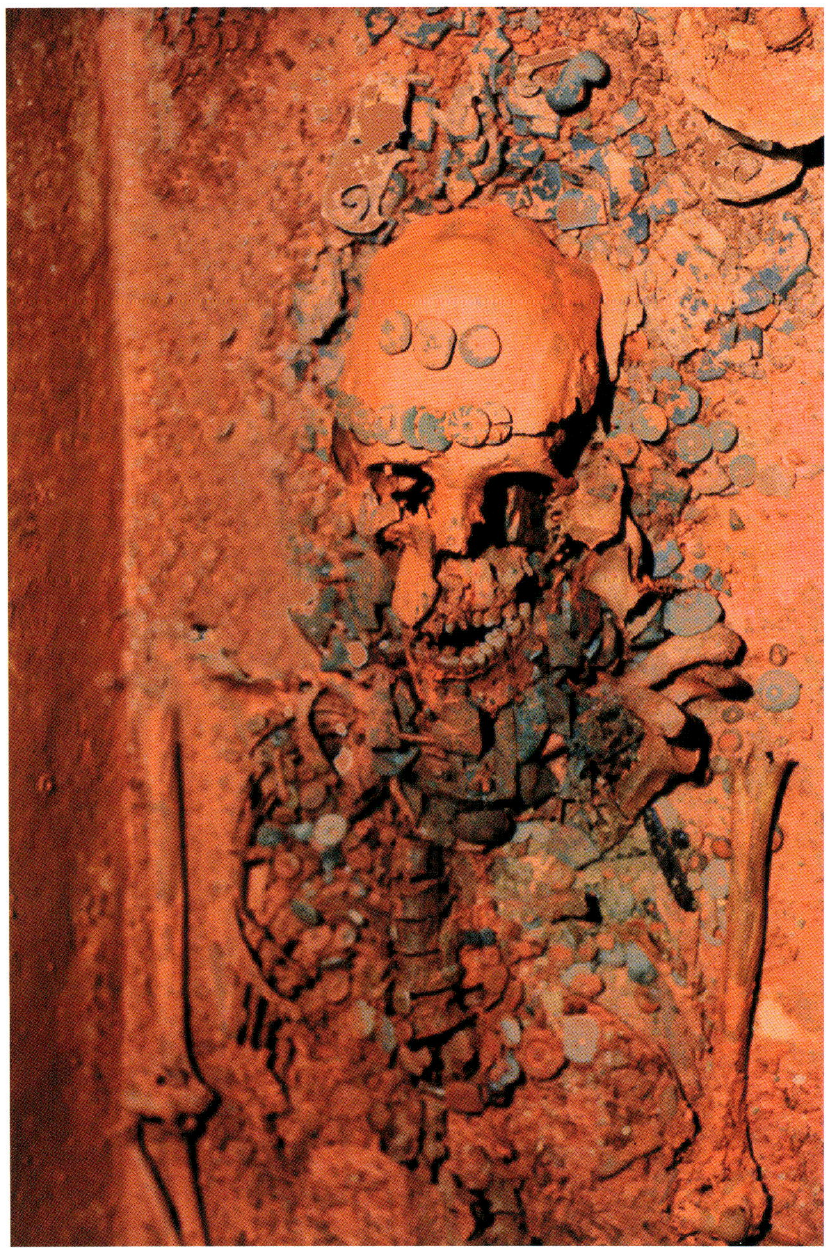

The Red Queen / La Reina Roja
Palenque, Chiapas, Mexico

Photograph/Fotografia: Javier Hinojosa

THE IMPROBABLE MUSE

LA MUSA IMPROBABLE

STUART ASHMAN

Of the ancient civilizations that we study and know something about, perhaps the most mysterious and indescribable is the Mayan culture. The wealth of material that has been discovered to date is disproportionate to our understanding of this complex civilization. Moreover, little interpretive material exists in the contemporary creative arts drawing from the rich imagery and the spirit and magic of this powerful culture. With regard to what became of the culture, we don't really know what happened or why, but it is sure to be connected to some supernatural and extraordinary event.

The discovery of *La Reina Roja* in Palenque in 1994 was a monumental find for archaeologists in Mexico, providing new information about this particular site, and re-emphasizing the ritualistic nature of the lives of the people of this mysterious civilization. For Ricardo Mazal, the discovery of *La Reina Roja* was perhaps even more significant. As a Mexican artist who has explored such weighty themes as birth, life and death, and his own cultural roots, the discovery of *La Reina Roja* and his awareness of it was, perhaps, destiny.

Entre las antiguas civilizaciones que estudiamos y de las que sabemos algo, quizá una de las más misteriosas e indescifrables sea la cultura maya. La riqueza del material que ha sido descubierto a la fecha no es proporcional al entendimiento que tenemos de esta compleja civilización. Más aún, en las artes creativas contemporáneas existe poco material interpretativo que provenga de las ricas imágenes y del espíritu y la magia de esta poderosa cultura. En términos de lo que le sucedió a esta civilización, realmente no sabemos qué pasó, ni porqué, pero seguramente tiene que ver con un evento sobrenatural y extraordinario.

El descubrimiento de *La Reina Roja* en Palenque en 1994 fue un hallazgo monumental para los arqueólogos en México, que les proporcionó nueva información sobre este sitio en particular, recalcando la naturaleza ritual de las vidas de la gente de esta misteriosa civilización. Para Ricardo Mazal, el descubrimiento de *La Reina Roja* quizá incluso fue más significativo. Siendo un artista mexicano que ha explorado temas tan profundos como el nacimiento, la

Here, the artist finds all of the elements that have concerned him during more than a decade of painting. His ability to translate reality into abstraction, and in a more complex manner, to interpret abstract concepts into visual art forms, finds the perfect muse in the discovery. Through a metamorphosis of digital photographs taken at the site, translated into drawings, monotypes, large-scale paintings, and installation, Ricardo Mazal interprets this tremendously moving event.

Particularly for an artist with his sensibilities, the discovery and the mystery surrounding the tomb provides Mazal with an irresistible attraction. The access to this ancient culture through the spiritual channels offered him by *La Reina* creates a pivotal moment in Mazal's artistic career. In this unique moment, his quest homogenizes with this unique archaeological and spiritual find.

The architecture of the Red Queen's tomb gives way to Mazal's interpretive forms in grays and browns. He is interested in evoking the architecture of the temple, the character and age of the stones, and the spirit imparted to them by the significance of their honored placement as the shelter for *La Reina*. The forms dancing through the spaces of his large canvases are inspired by the landscape surrounding Palenque—the photosynthesis and the life of the jungle, which he finds equally significant. But, for Mazal, red is where the life force is found.

The artist has been attracted to this awe-inspiring discovery with the zeal of a scientist, wanting to learn more regardless of what the final outcome will be. And like a poet he cannot resist the lure of this improbable muse. He approaches the subject fearlessly as if *La Reina* herself invites him in to paint her portrait, to seduce him. The red cinnabar that covered the Red Queen's tomb is the aphrodisiac that attracts Mazal. Passionately—as a symbol of the blood that

vida y la muerte, así como sus propias raíces culturales, el descubrimiento de *La Reina Roja* y su acercamiento a ella se debió, quizá, al destino.

Aqui, el artista encuentra todos los elementos que le han interesado durante más de una década pintando. Su capacidad para traducir la realidad en abstracción y, de manera más compleja, de transformar conceptos abstractos a formas de artes visuales, encuentran en este descubrimiento la musa perfecta. Ricardo Mazal interpreta este evento tremendamente conmovedor a partir de tomas de fotografía digital del sitio, alteradas y traducidas a dibujos, monotipos, pinturas de gran formato y una instalación.

Para Mazal, que es un artista particularmente sensible, el descubrimiento y el misterio que rodea la tumba resultan de un atractivo irresistible. El acceso a esta antigua cultura a través de los canales espirituales que le ofrece La Reina, se convierte en un momento crucial en la carrera artística de Mazal. En este momento singular, su búsqueda se empalma con este hallazgo arqueológico y espiritual único.

La arquitectura de la tumba de La Reina Roja deviene en las formas interpretativas de Mazal en tonos grises y cafés. El busca evocar la arquitectura del templo, el carácter y la edad de las piedras, así como el espíritu que les imprime el significado de su colocación de honor como resguardo de *La Reina*. Las formas que bailan por los espacios de estas telas de gran formato se inspiran en el paisaje alrededor de Palenque; la fotosíntesis y la vida de la jungla le parecen igual de significativas. Pero, para Mazal, la fuerza vital habita en el rojo.

El artista se ha acercado a este impresionante descubrimiento con la pasión de un científico que quiere aprender más sin importar el resultado final. Y, como el poeta, no ha podido resistir el canto de esta musa improbable.

flows through all living beings, the *sangre caliente* that we speak about in Latin music and in other aspects of Latin American culture—these are Mazal's cultural roots.

The color red has been a central theme for Mazal, both in previous and in current work. He has used it to represent life and death, and passion. In the series *La Tumba de la Reina Roja* the color red is central to the artist's vocabulary for expressing the life force itself.

The works in the *Reina Roja* series offer a glimpse of Mazal's passion and provide testimony to his deep involvement with his subject. Perhaps we, too, are seduced by the colors, the forms, the textures, and the sense of mystery in the works. Mazal draws us ever deeper into the attraction and the mystery—as if the red cinnabar itself flows through his veins.

Stuart A. Ashman is the Secretary of the Department of Cultural Affairs for the State of New Mexico and has followed Mazal's work for the past decade. He considers Mazal one of the most important Latin American artists of the current era

Él se acerca a su tema intrépidamente, como si La Reina misma lo invitara a pintar su retrato, a seducirlo. El rojo cinabrio que cubría la tumba de La Reina Roja es el afrodisíaco que atrae a Mazal. Y lo hace apasionadamente, como símbolo de la sangre que fluye a través de todos los seres vivos, esa sangre caliente de la que hablamos en la música latinoamericana y en otros aspectos de nuestras culturas. Estas son las raíces culturales de Mazal.

El color rojo ha sido el tema central de Mazal tanto en obras anteriores como en esta. Lo ha utilizado para representar la vida, la muerte y la pasión. En la serie *La Tumba de la Reina Roja* el color rojo es central en el vocabulario del artista para interpretar y describir la fuerza vital misma.

Las obras de la serie de *La Reina Roja* nos permiten vislumbrar la pasión de Mazal y dan fe del profundo compromiso que le inspira su tema. Quizá a nosotros también nos seducen los colores, las formas, las texturas y el sentido de misterio de las obras. Mazal nos arrastra hondo hacia la atracción y el misterio. Es como si el rojo cinabrio fluyera por sus propias venas.

Stuart A. Ashman es Secretario del Departamento de Asuntos Culturales del Estado de Nuevo México y ha seguido el trabajo de Mazal durante la última década. Él considera a Mazal como uno de los artistas latinoamericanos más importantes de esta epoca.

PHOTOGRAPHS / FOTOGRAFIAS

When I first visited Palenque I decided to make an extensive photographic documentation of the site. I didn't know how I would use the images but I made hundreds, of the temples, the stones, and the landscape. When I later downloaded the photos into my computer, I began to see things that had special meaning to me. For example, in the close-ups of the stones used to construct the temples, I found an intriguing relationship to the textures and contrasts in my own paintings. On my final day at Palenque I was invited to visit the ruins at night. We took a path leading into the jungle and I was drawn to photograph the plants and trees. Seeing the first few images I made in the small viewer of my camera, the cropped fragments of vines and branches lit by the camera's flash reminded me of my past drawings. I downloaded these images and began to experiment, manipulating them on the computer screen. I discovered that this process—beginning with photography and continuing with digital manipulation—offered an ideal means of transforming reality into abstraction.

Ricardo Mazal

All section introductions are by the artist.

Cuando visité Palenque por primera vez quise hacer una amplia documentación del sitio. No sabía cómo utilizaría las imágenes, pero hice cientos de ellas, de los templos, las piedras y los paisajes. Después, cuando descargué las fotos a mi computadora, empecé a ver cosas que tenían un significado especial para mí. Por ejemplo, en los acercamientos de las piedras utilizadas para construir los templos, encontré una relación que me intrigaba con las texturas y contrastes en mis propias pinturas. Mi último día en Palenque, me invitaron a visitar las ruinas de noche. Tomamos un sendero que conduce a la selva y me interesó fotografiar las plantas y los árboles. Cuando vi las primeras imágenes que tomé en el pequeño visor de mi cámara, los fragmentos de las enreda-deras y ramas iluminadas por el flash de la uh Bajé estas imágenes y empecé a experimentar manipulándolas en la pantalla de la computadora. Descubrí que este pro-ceso —partir de la fotografía y después manipularla digitalmente— ofrecía un medio ideal para transformar la realidad en abstracción.

Todas las introducciones de capitulo son del artista.

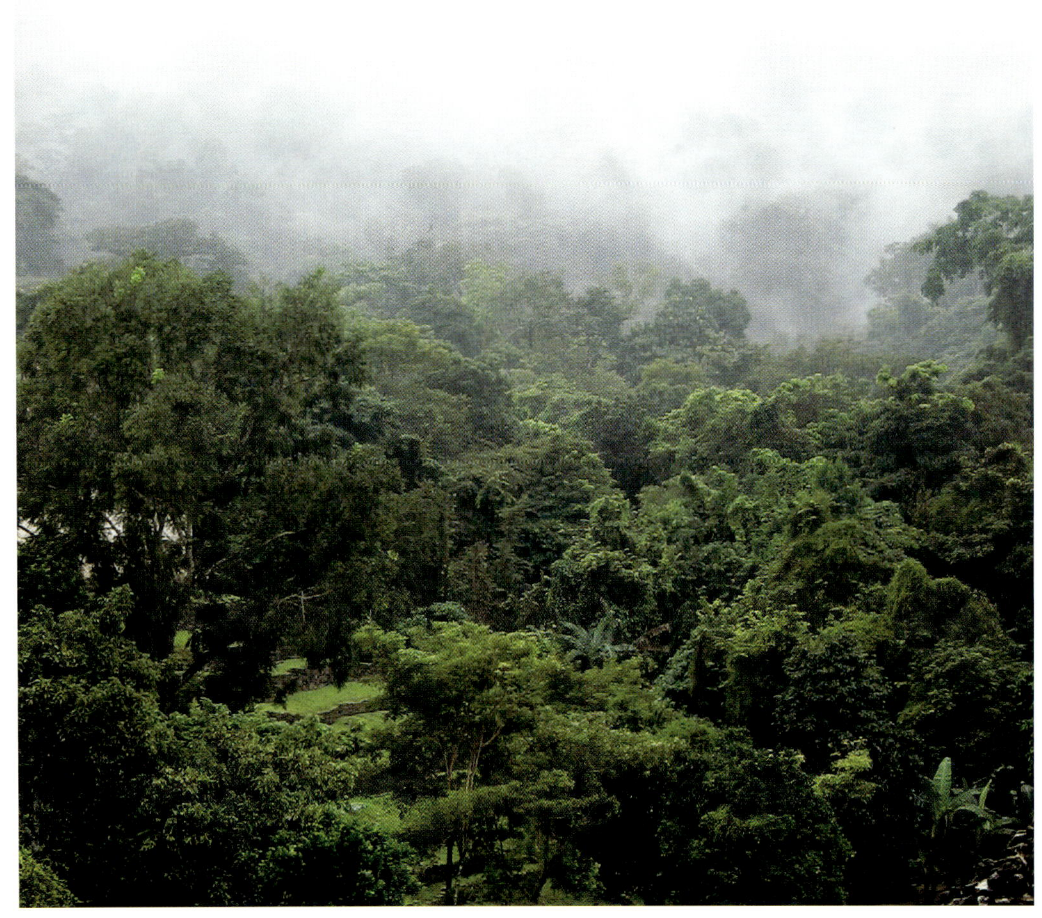

SELVA I / JUNGLE I, 2004
PIGMENT INK PRINT ON PAPER 31 X 31 INCHES

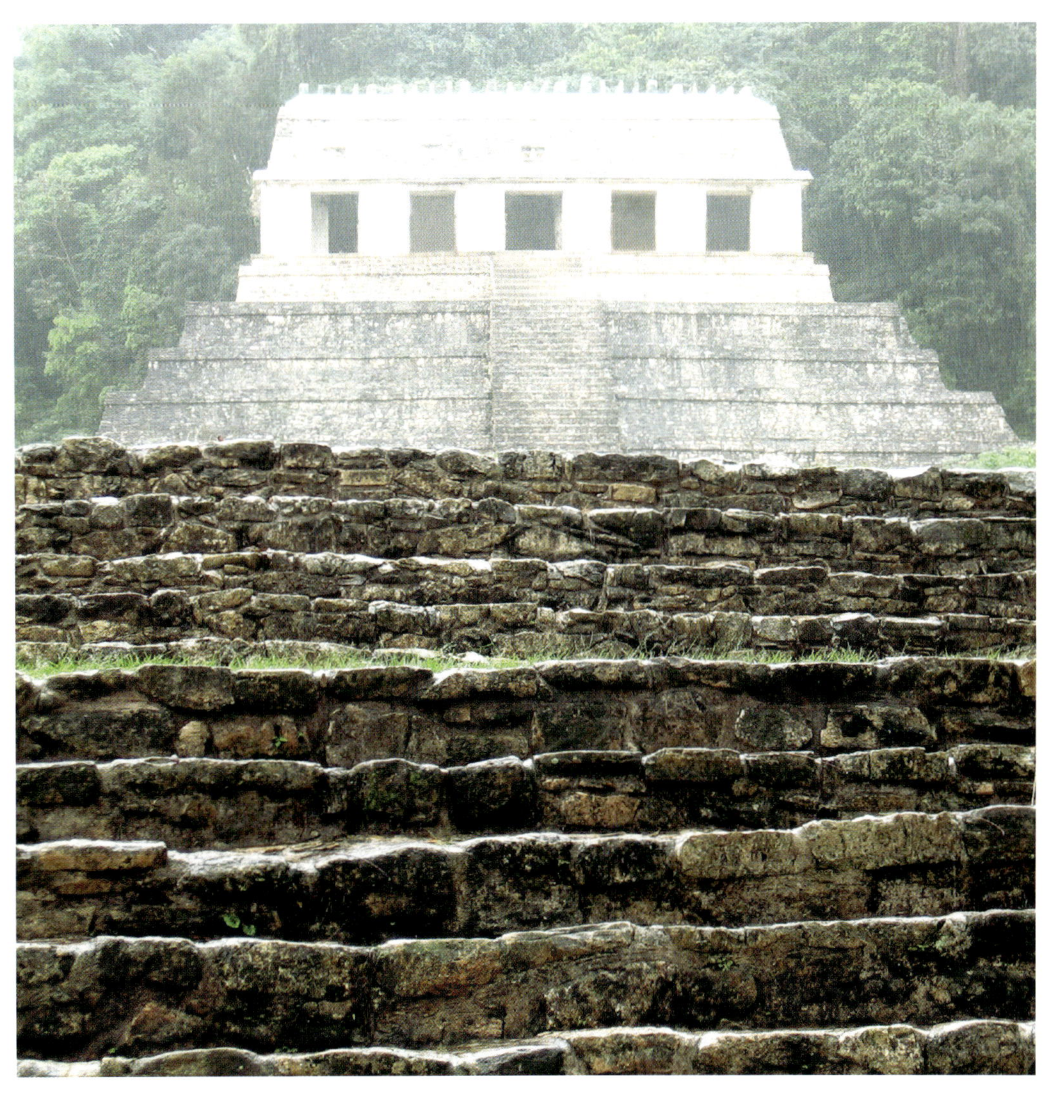

TEMPLO I / TEMPLE I, 2004
PIGMENT INK PRINT ON PAPER   31 X 31 INCHES

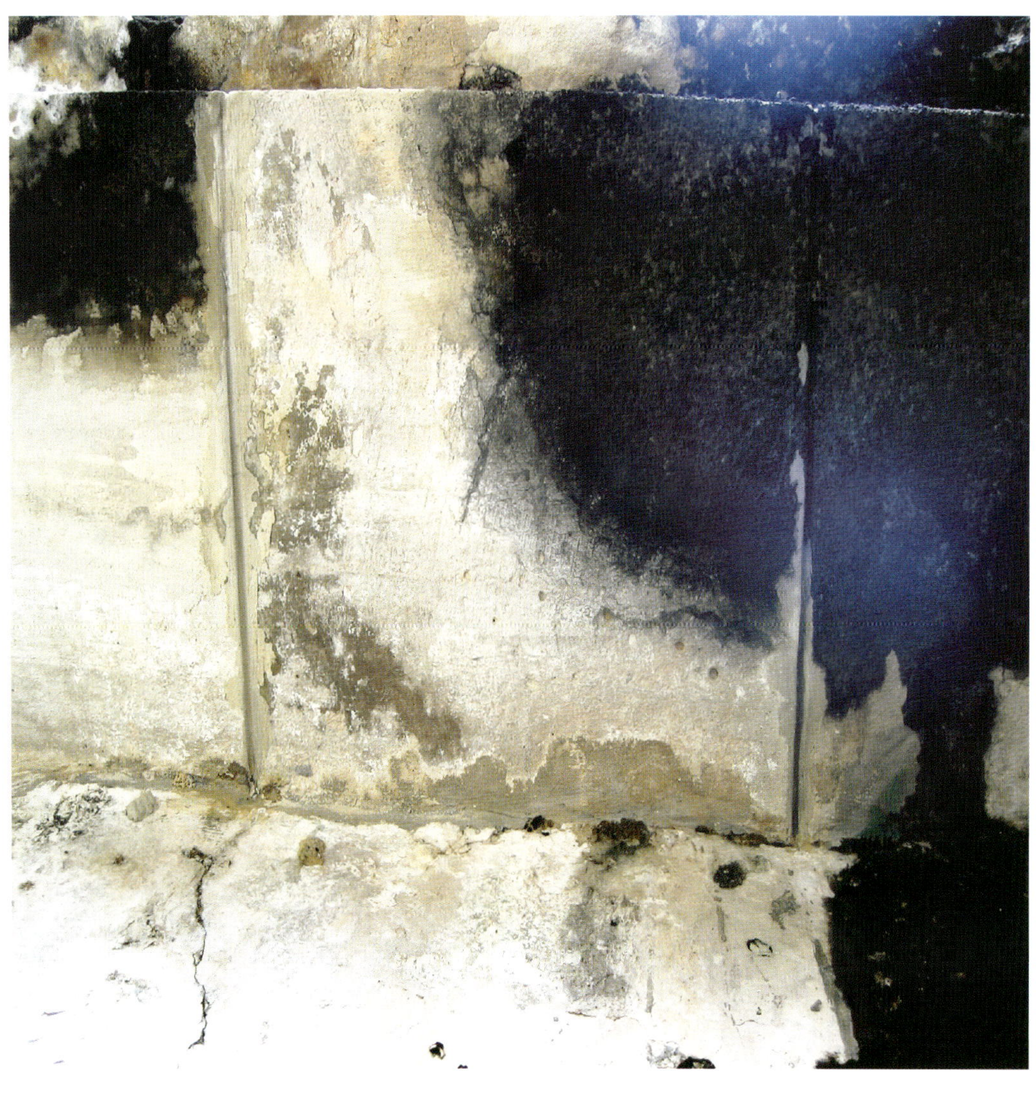

PIEDRAS I / STONES I, 2004
PIGMENT INK PRINT ON PAPER 31 X 31 INCHES

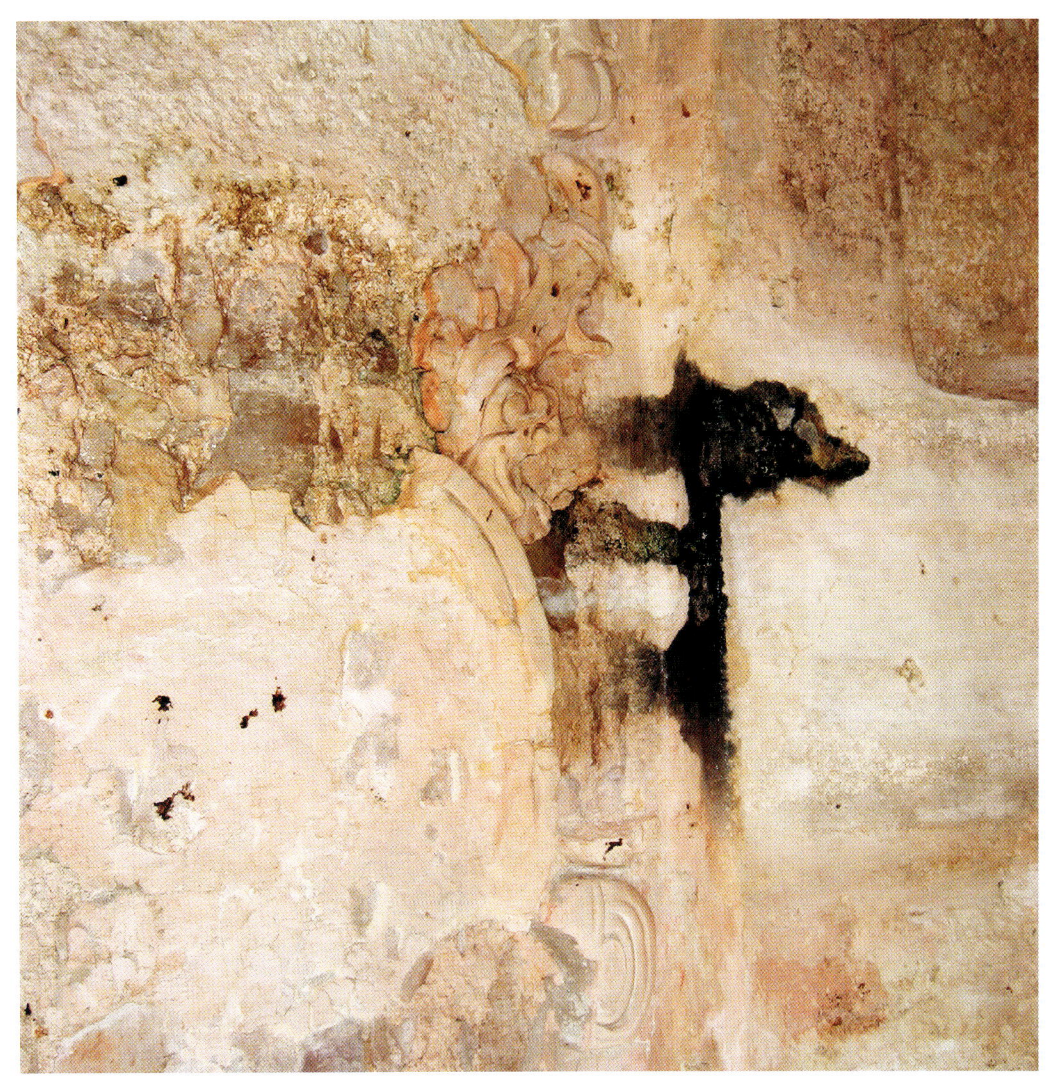

MURO 2 / WALL 2, 2004
PIGMENT INK PRINT ON PAPER   31 X 31 INCHES

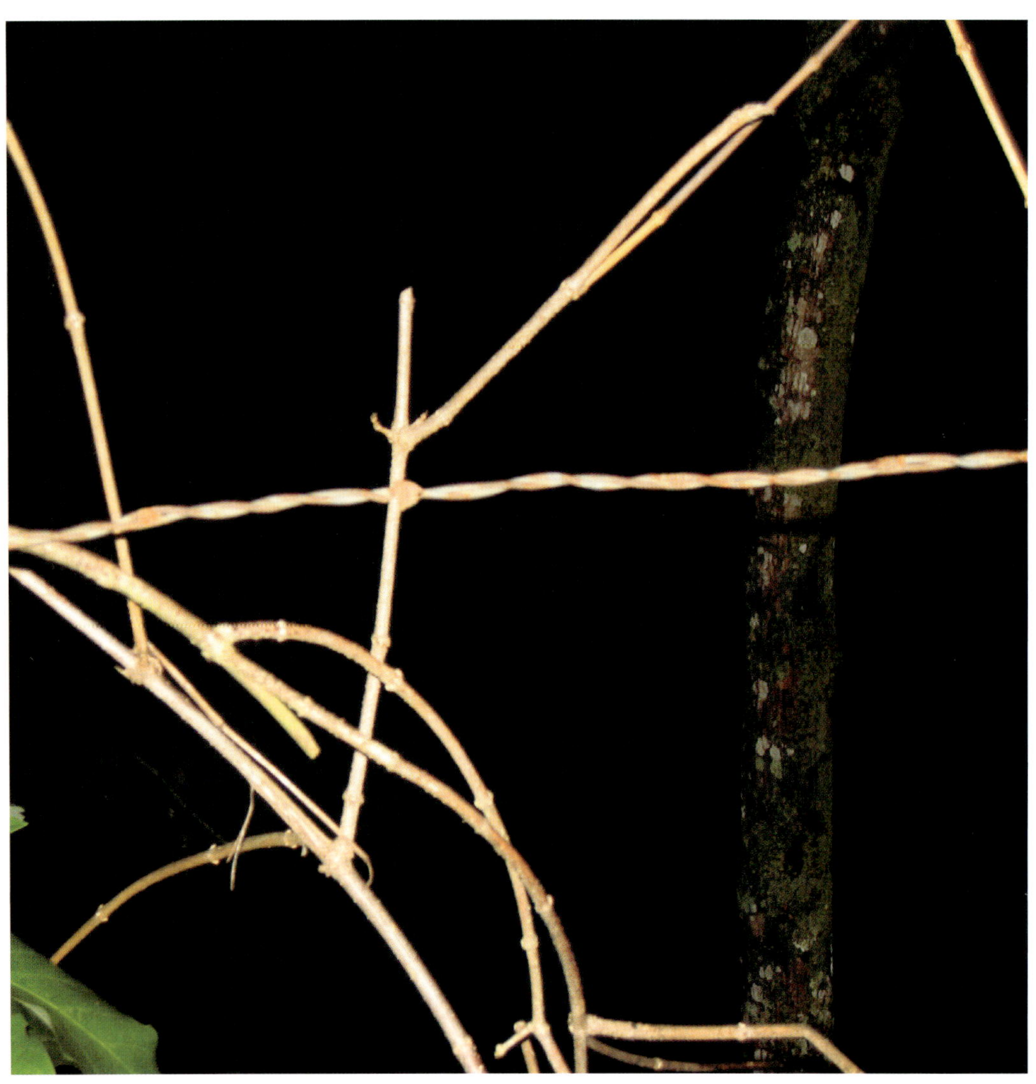

SELVA DE NOCHE I / JUNGLE AT NIGHT I, 2004
PIGMENT INK PRINT ON PAPER 31 X 31 INCHES

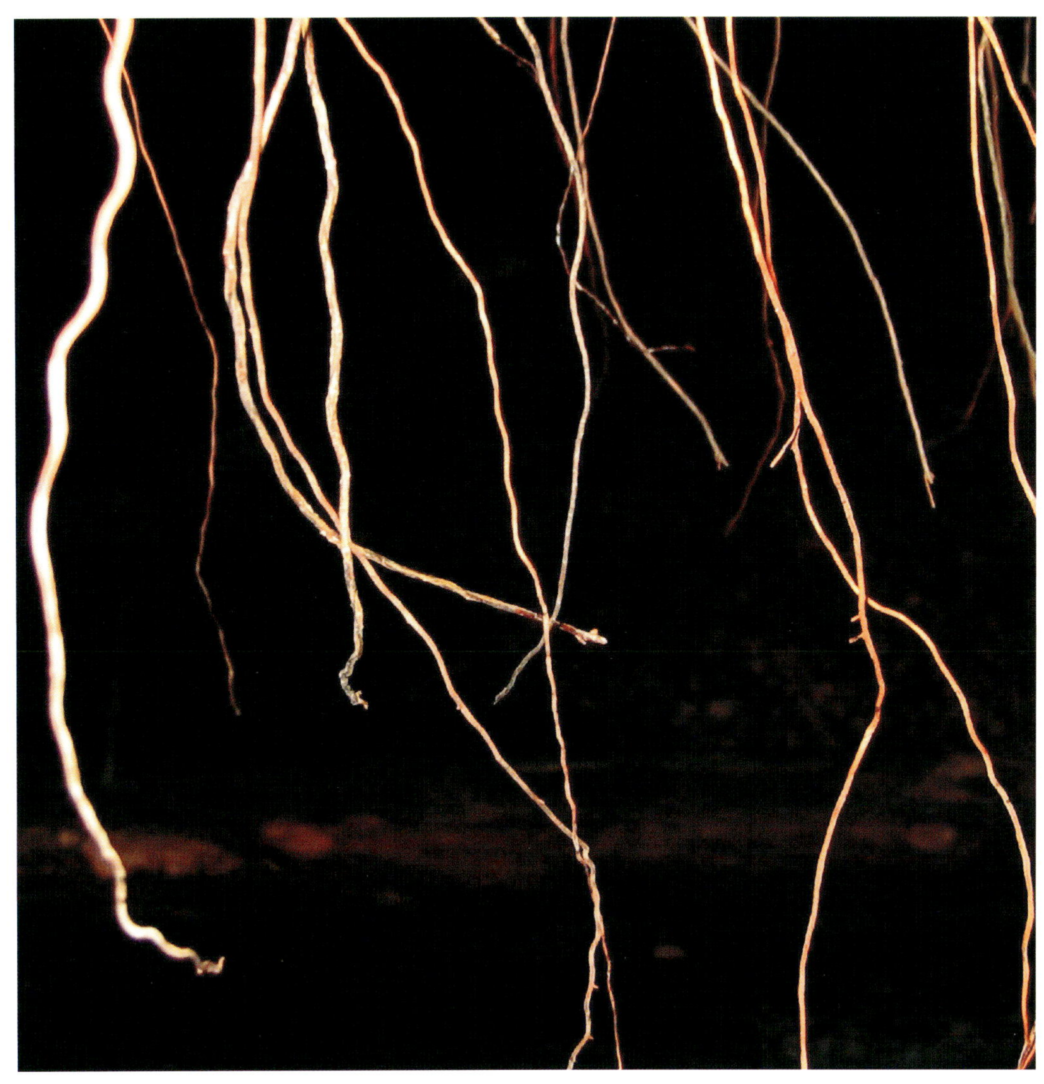

SELVA DE NOCHE 2 / JUNGLE AT NIGHT 2, 2004
PIGMENT INK PRINT ON PAPER 31 X 31 INCHES

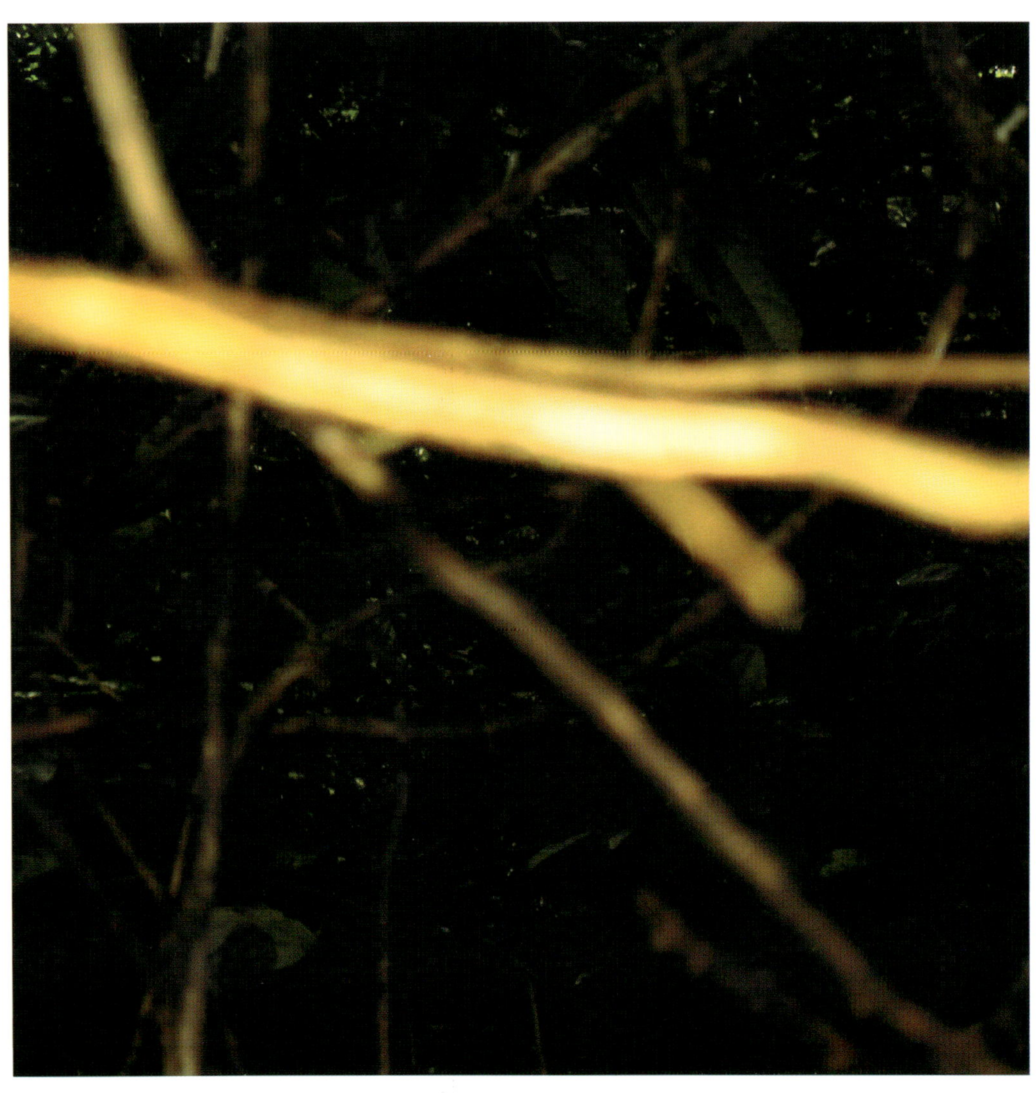

SELVA DE NOCHE 3 / JUNGLE AT NIGHT 3, 2004
PIGMENT INK PRINT ON PAPER 31 X 31 INCHES

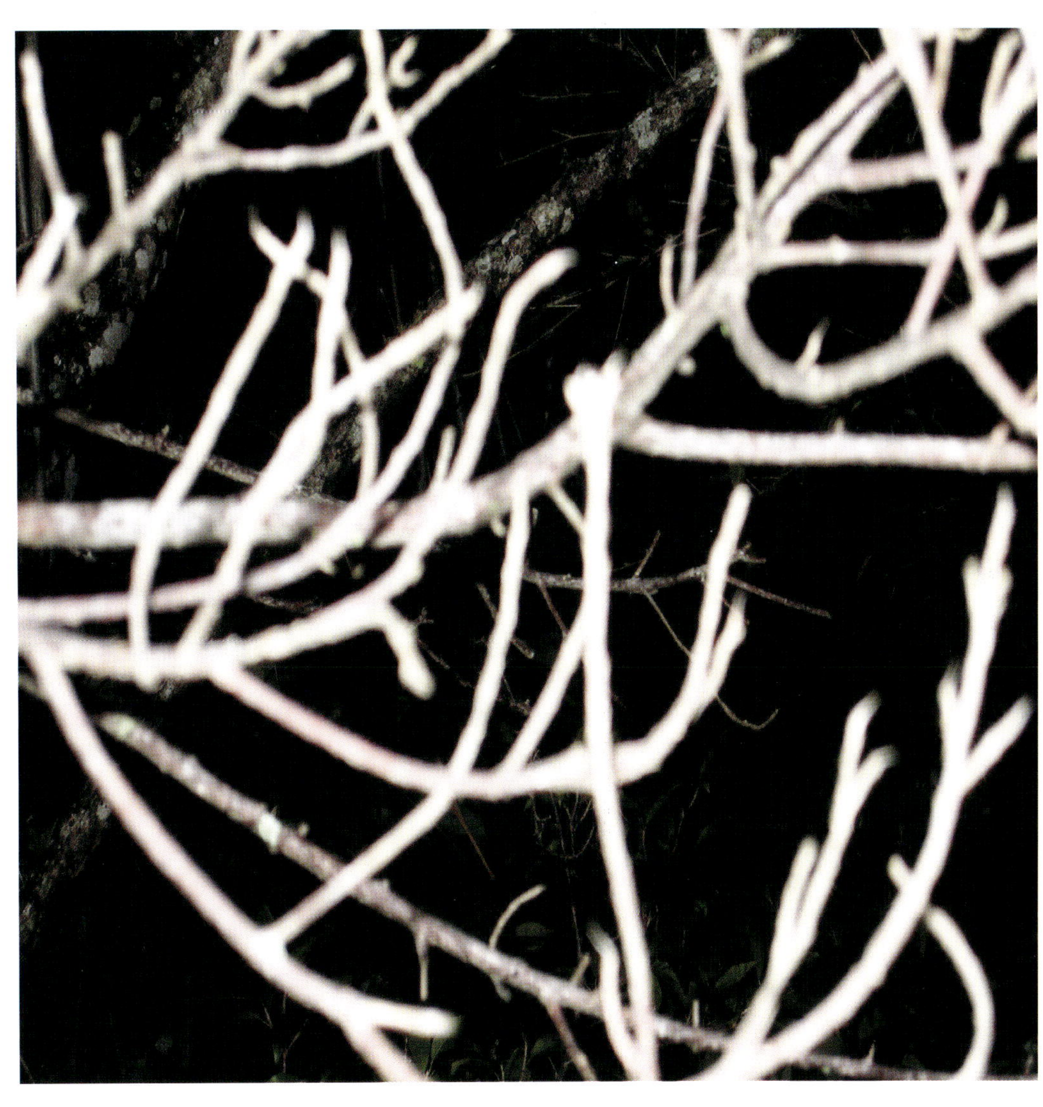

SELVA DE NOCHE 4 / JUNGLE AT NIGHT 4, 2004
PIGMENT INK PRINT ON PAPER 31 X 31 INCHES

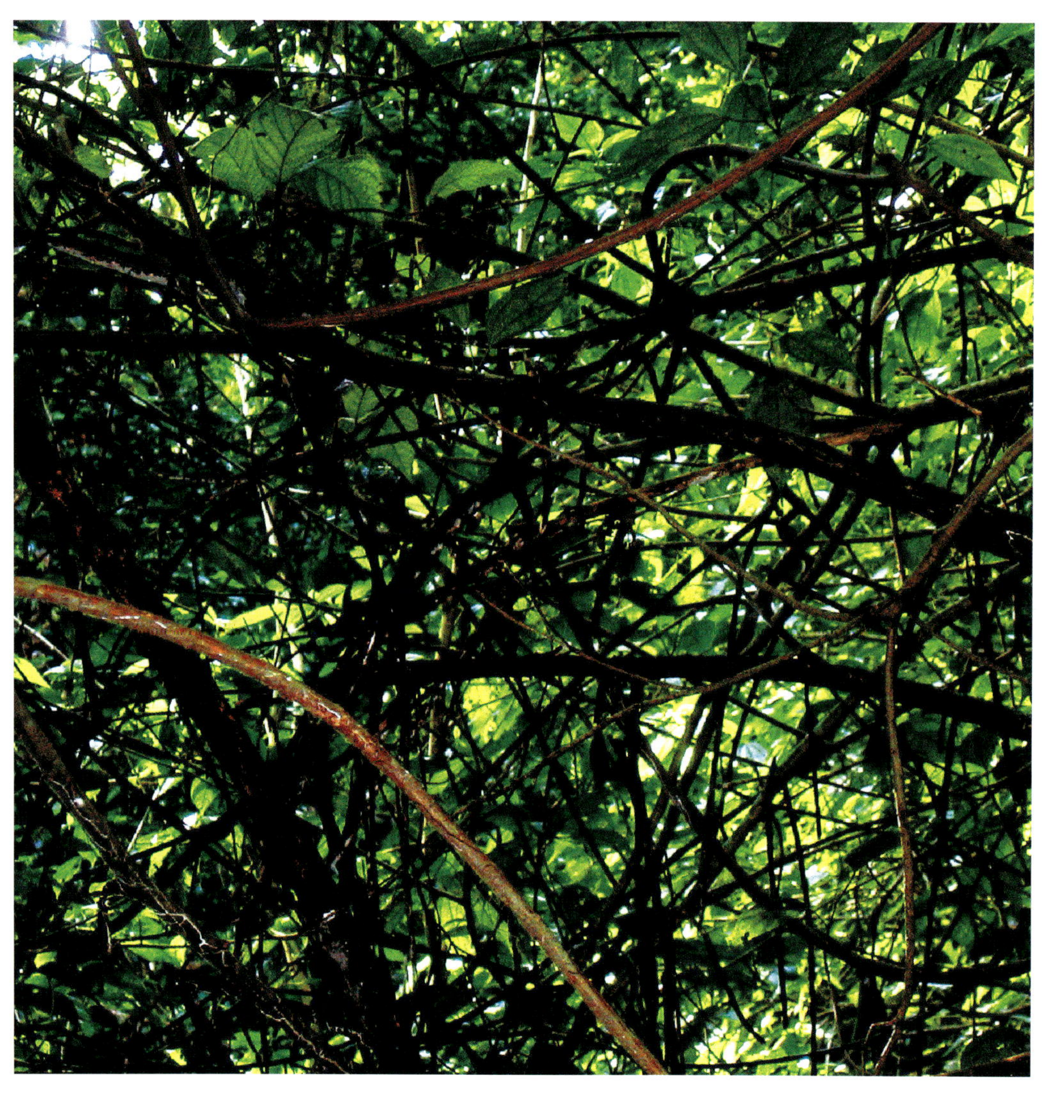

SELVA 2 / JUNGLE 2, 2004
PIGMENT INK PRINT ON PAPER 31 X 31 INCHES

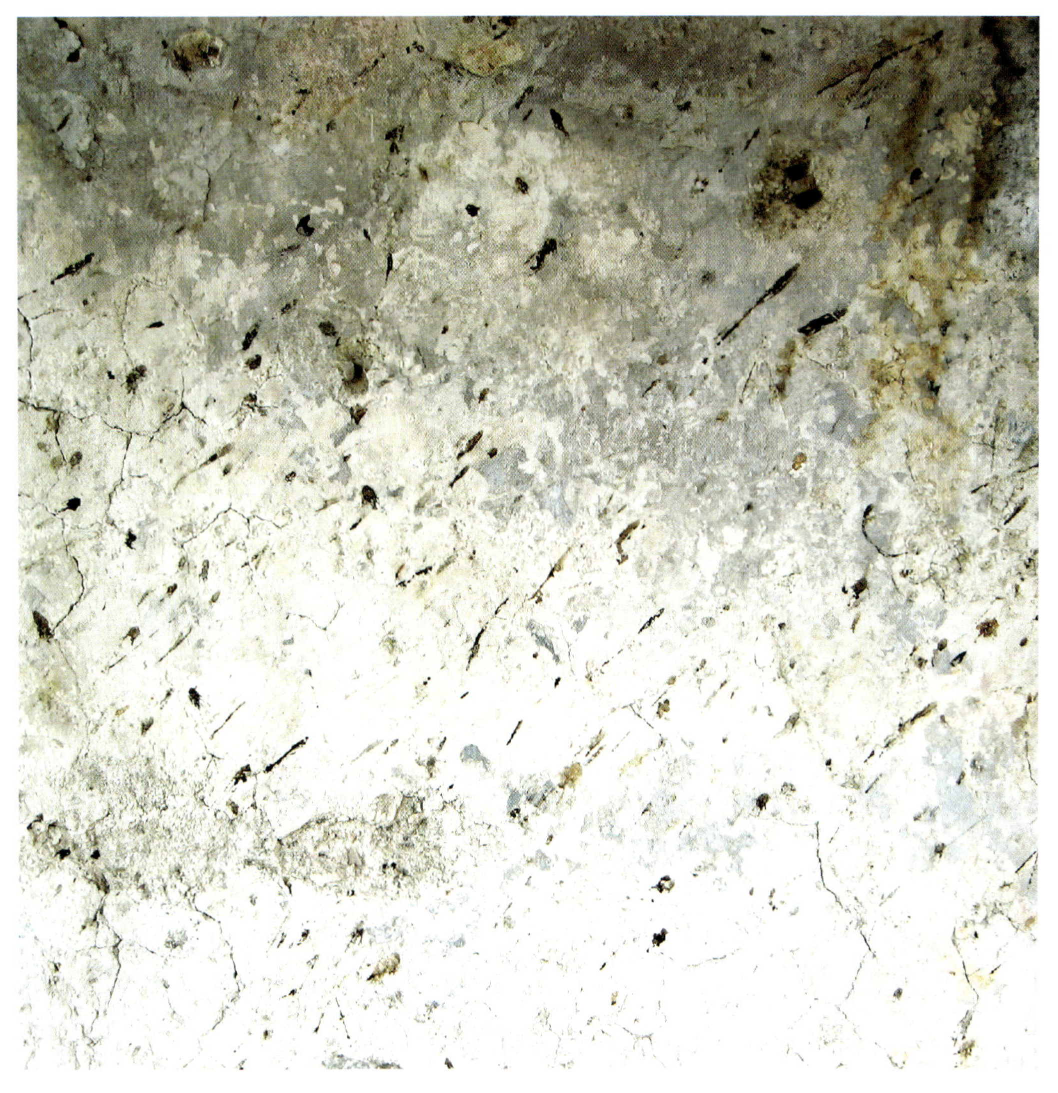

MURO I / JUNGLE I, 2004
PIGMENT INK PRINT ON PAPER 31 X 31 INCHES

IN THE SPACE OF TIME: RICARDO MAZAL'S LA TUMBA DE LA REINA ROJA

EN EL ESPACIO DEL TIEMPO: LA TUMBA DE LA REINA ROJA DE RICARDO MAZAL

ELIZABETH FERRER

In the fall of 2003 the painter Ricardo Mazal made a journey that was to have a far-reaching impact on his artistic development, to Palenque, the legendary archaeological site in the Mexican state of Chiapas. A Maya ceremonial complex that flourished between 600 and 900 A. D., visible today are the remnants of a once vast and grand city—over 800 limestone structures set impressively against the backdrop of a lush jungle. Mazal was attracted to Palenque as much because of its enchanting beauty as by its mesmerizing spiritual aura. His desire in approaching the site as an artist was to interpret Palenque's less visible aspects, to offer the spectator a means of comprehending the past by embracing such realms as intuition and the imagination. This is why Mazal is so drawn to abstraction, because it is a mode ideally suited to expressing those aspects of existence outside the realm of external realities. With this series of paintings, photographs, and monotypes, he offers an eloquent meditation on looking back in time, mortality and immortality, and personal destiny.

La Tumba de la Reina Roja is one of the most ambitious projects that Ricardo Mazal has undertaken in his artistic career. He began painting in the late 1980s, a period in Mexico marked by the ascendancy of a generation of artists that became known for figurative work, much of it exploring themes related to the intersection of national culture and personal identity. Mazal, in contrast, has been consistently dedicated to abstraction, as he moves between monumentally scaled paintings and more intimate works on paper. He pursues his works in series,

En el otoño del 2003 el pintor Ricardo Mazal realizó un viaje a Palenque, el legendario sitio arqueológico en el estado de Chiapas, que tendría un profundo impacto en su desarrollo artístico. Hoy, en este complejo ceremonial Maya que floreció entre 600 y 900 d. C., se aprecian los vestigios de lo que alguna vez fue una enorme y grandiosa ciudad: más de 800 estructuras de piedra caliza enmarcadas por una selva exuberante. A Mazal le atrajo Palenque tanto por su belleza cautivadora, como por su hipnotizante aura espiritual. Su deseo al acercarse a este sitio como artista, fue reinterpretar los aspectos menos visibles de Palenque para ofrecerle al espectador una forma de comprender el pasado a partir del ámbito de la intuición y la imaginación. Esto es lo que a Mazal le atrae tanto de la abstracción: es un modelo verdaderamente apropiado para expresar aspectos de existencia ajenos a las realidades externas. Con esta serie de pinturas, fotografías y monotipos él ofrece una meditación elocuente sobre la mirada hacia el pasado, la mortalidad y la inmortalidad, así como el destino personal.

La Tumba de la Reina Roja es uno de los proyectos más ambiciosos en los que se ha embarcado Ricardo Mazal en su carrera artística. Él empezó a pintar a finales de la década de los ochenta, un período marcado en México por el asenso de una generación de artistas que se dieron a conocer por su obra figurativa, en gran parte dedicada a explorar temas relacionados a la intersección de la cultura nacional y la identidad personal. A diferencia de ellos, Mazal consistentemente se ha dedicado a la abstracción y transita entre pinturas de

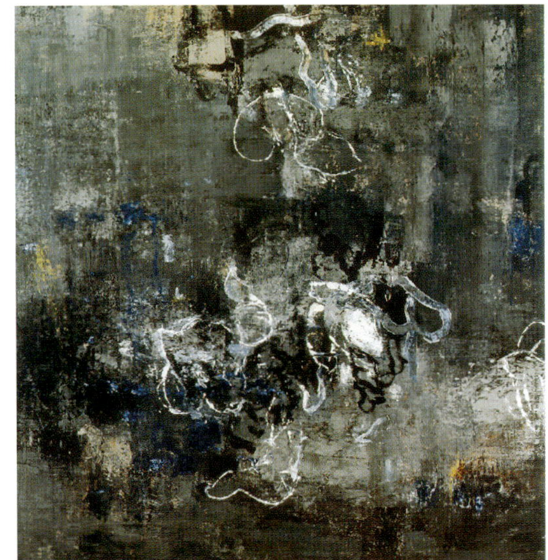

Fig. 1
Ricardo Mazal
Study for T.R. Salomé, Dances for Peace, VI, 1991
Oil on linen
80 x 75 inches
Private Collection, New York

focusing for a period on themes, formal issues, and painterly techniques that inevitably beget new explorations and bodies of work. Early in his career he found much inspiration in music. One series of work took as its point of departure the minimalist and deeply spiritual music of the Estonian, Arvo Pärt; another, from the early 1990s, is named *Salomé, Dances for Peace* (Fig. 1), after the epic quartet cycle by Terry Riley. Clearly, Mazal saw in the textures, spatial sensibilities, and emotional quality of contemporary music, a model for inscribing meaning in the abstract.

As he matured as an artist Mazal increasingly directed his painting to exploring life's big issues—birth, maturation, relationships, and death—casting his art as a moving and intellectually engaging form of autobiography. The 1994–95 series *Página 44* (Page 44), for example, acts as a visual journal of the artist's 44th year, a turning point in his personal life. Some paintings in the series, like *Página 44, No. 2*, contain "spines" of paint that vertically mark the center of the canvases; he surrounded these references to the human anatomy with oblique forms and linear passages, the effusive markings

escala monumental hasta obras más íntimas sobre papel. Él trabaja en series, centrándose durante determinado tiempo en temas, aspectos formales y técnicas pictóricas que inevitablemente lo conducen a nuevas exploraciones y conjuntos de obra. En una primera etapa de su carrera encontró una gran inspiración en la música: una serie de obras se inspiró en la música minimalista y profundamente espiritual del estoniano Arvo Pärt: otra, de principios de los noventa, se llama *Salomé, Dances for Peace*, (Salomé, Danzas por la Paz) (Fig. 1), por el ciclo del cuarteto épico de Terry Riley. Sin duda Mazal vio en las texturas, sensibilidades espaciales y calidad emocional de la música contemporánea un modelo para infundirle significado a lo abstracto.

Al ir madurando como artista, Mazal dirigió su pintura cada vez más a la exploración de los grandes temas de la vida: el nacimiento, la maduración, las relaciones y la muerte. Planteó su arte como una forma autobiográfica conmovedora y comprometida. Por ejemplo, su serie *Página 44* de 1994–95, es como un diario visual de cuando el artista tenía 44 años, que fue un momento crucial en su vida personal. Algunas pinturas de la serie, como *Página 44*, No. 2 contienen "espinas" de pintura que marcan verticalmente el centro de las telas. Él rodeó estas referencias a la anatomía humana con formas oblicuas y pasajes lineales, las marcas efusivas de corporalidad y psique. A la fecha, uno de los conjuntos de obra más poderosas de Mazal es la serie *My Brother Doesn't Talk* (Mi hermano no habla; Fig. 2 & 3) de 1996 cuyas telas en pares son del tamaño de una puerta (y por lo tanto implican la forma humana), sugiriendo dualidades simbólicas y un sentido de diálogo formal. Cada par de telas, una pintada en gris o negro y la otra en un brillante campo de color primario, explorando ciertas ideas como el silencio, una relación muda y similitudes y diferencias.

Fig. 2
Ricardo Mazal
My Brother Doesn't Talk, 3, 1996
Oil on linen
80 x 73 inches
Private Collection, Germany

Fig. 3
Ricardo Mazal
My Brother Doesn't Talk, 12, 1996
Oil on linen
80 x 73 inches
José Pinto Collection, Mexico City, Mexico

of one's physicality and psyche. One of Mazal's most cogent bodies of work to date, the 1996 series *My Brother Doesn't Talk* (Fig. 2 & 3), pairs canvases roughly the dimensions of a doorway (and thus implying the human form), to suggest symbolic dualities and a sense of formal dialogue. Each set of canvases, one painted gray or black and the other a shimmering field of primary color, explores such ideas as silence, a muted relationship, and similarity and difference.

Parallel with Mazal's thematic explorations, he has paid great attention to painterly technique. Early in his career he devised a mode of first applying washes of various colors onto the canvas, which he would almost totally obscure with subsequent layers of paint. Mazal then scraped through the surface of wet pigment to reveal earlier-applied layers of paint and traces of the creative process. The surfaces of these works, lush fields of expressionistically applied color, contained hints of the human anatomy and other forms, and striking contrasts between light and dark passages. Mazal often scumbled paint or applied small masses of pigment to his

Paralelamente a las exploraciones temáticas, Mazal ha prestado gran atención a las técnicas pictóricas. A principios de su carrera encontró una forma de aplicar en la tela, aguadas de diversos colores como una base que casi obscurecía totalmente con subsecuentes capas de pintura. Después Mazal rascaba la superficie de pigmento húmedo para revelar estratos de pintura previamente aplicados y rastros de los procesos creativos. Las superficies de estas obras, campos exuberantes de color aplicado en forma expresionista, contenían indicios de la anatomía humana y otras formas, así como sorprendentes contrastes entre pasajes de luz y de sombra. Mazal con frecuencia difuminaba la pintura o aplicaba pequeñas masas de pigmento a sus superficies, actos que le daban a sus telas un marcado sentido de corporalidad.

A mediados de los noventas, el artista cambió hacia un enfoque más analítico hacia la pintura, limitando el color de su paleta y cubriendo sus superficies densamente con tonos primarios. Empezó a invocar en su trabajo más conscientemente aspectos de la tradición modernista, desde el Expresionismo Abstracto y el minimalismo,

surfaces, acts that endowed his canvases with a marked sense of physicality.

In the mid 1990s the artist turned to a more analytical approach to painting as he limited his color palette and densely covered his surfaces with primary hues. He began to more consciously invoke aspects of the modernist tradition in his painting, ranging from Abstract Expressionism to minimalism to the more reductive works of Gerhard Richter. Mazal's incorporation of such art historical references signaled an increasing acknowledgment of the challenge of abstract painters today—in an era when so many other artists are deploying such formats as installation, video, and multi-media spectacle—to move beyond the formal issues of painting and to endow contemporary meaning in a flat, pictorial space. In the last few years Mazal has devised an innovative array of techniques, including fabricating long foam brushes that he uses to both apply and scrape away layers of paint on the canvas. With this tool he created blurred passages that suggest movement, the passage of time, and a layered sense of space—all qualities of special relevance in interpreting such an ancient subject as Palenque.

• • •

Mazal first visited Palenque many years ago, in the mid 1980s, but was compelled to return to see the Tomb of the Red Queen, hailed as one of the richest tombs ever to be found in the Maya region. When it was discovered in 1994, the tomb was filled with jade, pearls, obsidian, and shell, as well as the broken fragments of jade and green malachite masks. The fact that the Red Queen's skeletal remains were covered with red cinnabar pigment struck the artist in an almost primal way. Not only has he long had a deep sensitivity to color as an expressive and symbolic vehicle, but the color red itself has had an abiding importance in his oeuvre (Fig. 4). But at Palenque,

hasta las obras más reductivas de Gerhard Richter. El que Mazal incorporara dichas referencias históricas significaba una creciente aceptación de los retos que enfrentan los pintores abstractos hoy —en un período en el que tantos otros artistas están recurriendo a formatos como la instalación, el video y el espectáculo multimedia— para ir más allá de los aspectos formales de la pintura y darle un significado contemporáneo a la superficie pictórica plana. Durante los últimos años, Mazal ha descubierto una gama innovadora de técnicas, incluyendo la fabricación de largas brochas de esponja que utiliza tanto para aplicar capas de pintura en la tela, como para rascar. Con esta herramienta ha creado pasajes borrosos que sugieren movimiento, el paso del tiempo y un sentido del espacio en capas, todas ellas cualidades de particular relevancia al interpretar un tema tan antiguo como Palenque.

• • •

Mazal visitó Palenque por primera vez hace muchos años, a mediados de los ochenta, pero regresó atraído por la Tumba de la Reina Roja, considerada una de los entierros más ricos encontrados en la región maya. En 1994, cuando fue descubierta, la tumba estaba llena de jade, perlas, obsidiana y conchas, así como de los fragmentos rotos de máscaras de jade y malaquita verde. El hecho de que los restos del esqueleto de la Reina Roja estuvieran cubiertos con polvo de rojo cinabrio, le impactó al artista de forma casi primitiva, no sólo ha tenido una gran sensibilidad hacia el color como vehículo expresivo y simbólico durante mucho tiempo, sino que el mismo color rojo ha tenido una importancia duradera en su obra. Pero en Palenque al artista también le impactaron la arquitectura y el paisaje. Mazal se dio cuenta que vistos en conjunto, la tumba, los templos y la selva circundante, representaban una confluencia sorprendente entre naturaleza y cultura, misma que

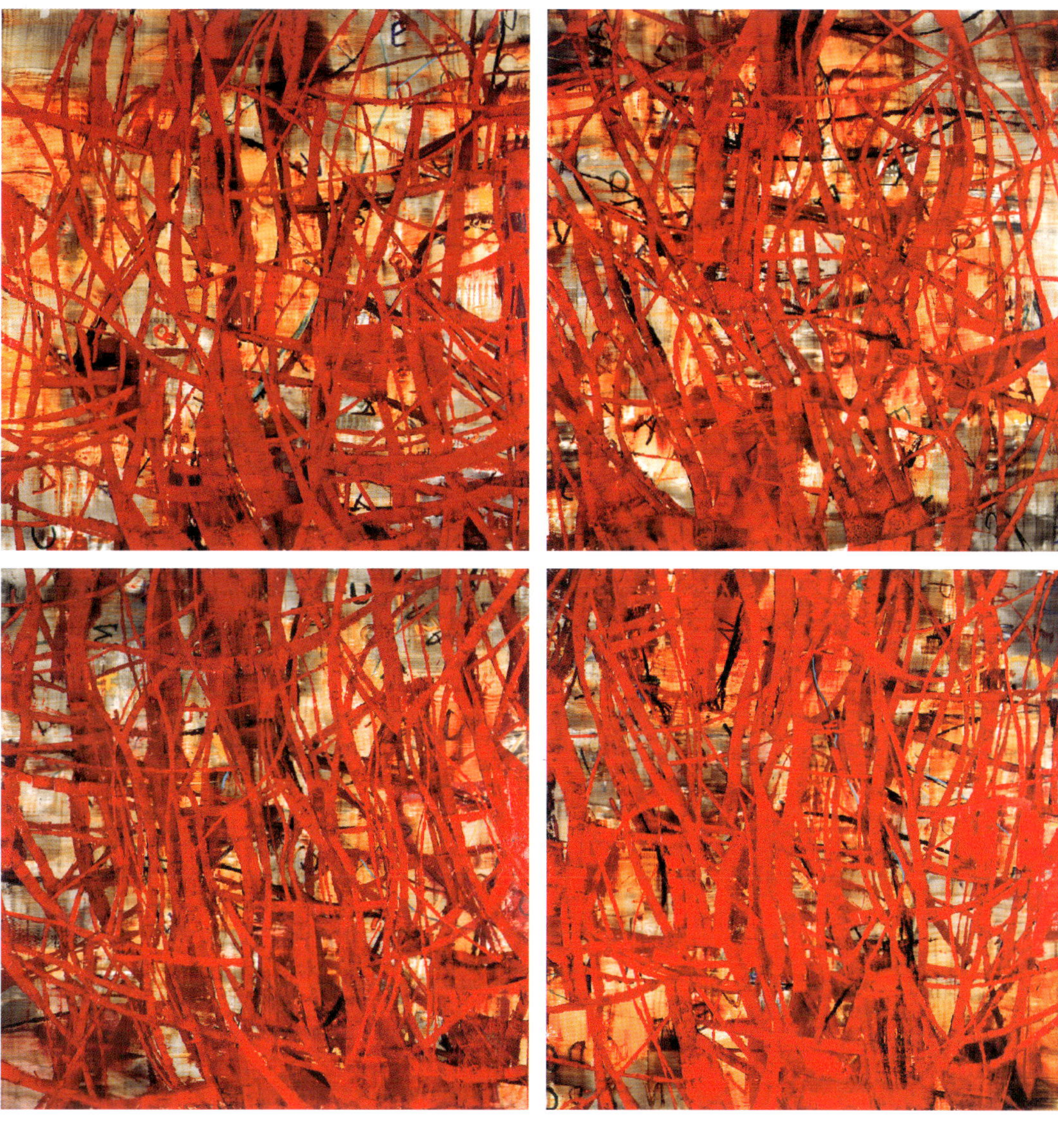

Fig. 4
Ricardo Mazal
Mazatl, El venado con fortuna, 2000
(Mazatl, The Deer with Fortune), 2000
Oil on linen, in four parts
163 x 163 inches
Private Collection, Monterrey, Mexico

the artist was equally taken by its architecture and landscape. Mazal realized that seen together, the tomb, the temples, and the surrounding jungle, represented a remarkable confluence of nature and culture, one that vividly exemplifies the holistic beliefs of pre-Hispanic cultures. As he explored the site, he saw that these components were all part of one another. Together, they produced a grand spiritual realm where everything felt very much alive.

During his time at Palenque Mazal extensively documented its buildings, landscape, and the tomb of the Red Queen itself.

ejemplificaba vívidamente las creencias holísticas de las culturas prehispánicas. Al ir explorando el sitio, vio que estos componentes eran todos uno parte del otro y que juntos producían un gran ámbito espiritual en el que en su totalidad, se sentía muy vivo.

Durante su estancia en Palenque, Mazal documentó ampliamente sus edificios, paisaje y la misma tumba de la Reina Roja. Como nunca había utilizado la fotografía en esta forma, no estaba seguro a dónde lo llevarían estas imágenes, pero sabía que este proyecto debería tener una base arraigada en el mundo tangible y material.

Having never utilized photography in this way he was unsure where these images would lead him, but he knew that this project should have a visual foundation rooted in the real, material world. When Mazal later downloaded his photos and viewed them on a computer screen, he discovered that he had captured images that possessed an uncanny formal relationship to some of his previous work. The artist noted, for example, that the ancient stones of the temples, stained over time by moisture and funguses, recalled the textures and surfaces of some of his previous canvases. Likewise, a series of photographs made at night in the nearby jungle, depicting the outlines of vines and tree branches seen against the night's darkness, bore relation to Mazal's drawings, where the linear forms that float on his canvases are converted into elegant plays of line and space.

Mazal's decision to photograph Palenque was to play a crucial role in the evolution of the Red Queen series. About five years prior to pursuing this body of work he had begun using the computer as an artistic tool; initially, to study questions of scale and the proportional relationships of planned works. Using digitally generated images, he could establish the precise sizes of canvases to be painted for specific gallery or museum exhibitions, as well as plan the layouts of exhibitions. These experiences led him to employ the computer in a more sophisticated manner, as a creative aid in conceptualizing actual paintings.[1] Using the innovative means he has devised over the last few years, Mazal now often begins new works by photographing portions of existing paintings (Fig. 5 & 6). He will then choose an image to scan, which he gradually alters on the screen through a series of steps that include cutting and pasting, blurring, changing colors, and other means of transformation afforded by digital software. With these techniques the artist ultimately realizes a "virtual" painting—an image that exists

Después, cuando Mazal descargó sus fotos y las vio en la pantalla de la computadora, descubrió que había capturado imágenes que tenían una extraña relación formal con parte de su obra anterior. El artista se dio cuenta, por ejemplo, que las antiguas piedras de los templos, manchadas a lo largo del tiempo por la humedad y los hongos, le recordaban a las texturas y superficies de algunas de sus telas anteriores. De la misma manera, una serie de fotografías tomadas de noche en la selva cercana, que mostraba el contorno de algunas enredaderas y ramas de árboles vistas con la oscuridad de la noche de fondo, tenían relación con los dibujos de Mazal, en los que las formas lineales que flotan en sus telas, se convierten en elegantes juegos de línea y espacio.

La decisión de Mazal de fotografiar Palenque, tendría un papel crucial en la evolución de la serie de la Reina Roja. Aproximadamente cinco años antes de empezar este conjunto de obras, él había empezado a utilizar la computadora como herramienta artística. En un principio la utilizó para estudiar cuestiones de escala y relaciones de proporción de trabajos planeados. Utilizando imágenes generadas digitalmente, podía establecer el tamaño preciso de las telas que pintaría para una exposición en una galería o un museo específico, así como planear su museografía. Estas experiencias lo llevaron a emplear la computadora en forma más sofisticada, como un instrumento creativo para conceptualizar las pinturas mismas.[1] Durante los últimos años, Mazal ha desarrollado el uso de este medio innovador y ahora frecuentemente empieza obras nuevas a partir de las fotografías que le toma a pinturas existentes (Fig. 5 & 6). Entre ellas, selecciona una imagen para escanear y gradualmente la altera en la pantalla a través de una serie de pasos que incluyen cortar y pegar, borrar, cambiar colores y otros medios de transformación

solely electronically, awaiting potential interpretation onto a canvas. This creative approach came to be of critical importance in developing *La Tumba de la Reina Roja* because of Mazal's desire to explore a concrete theme and to use his artistic language to move from tangible reality to pure abstraction.

The ability to pre-visualize paintings on a computer screen and to maintain a file of virtual compositions also made it possible for Mazal to move deftly between varied artistic media and scales. Indeed, the Red Queen project can be read on one level as a fruitful dialogue between digital technology and the traditional techniques of the painter. Not only have the photographs provided the initial foundation for his computer-based explorations, but the resulting virtual compositions have acted as studies for monotypes and paintings, and in turn, the monotypes have provided inspiration for paintings. In juxtaposing photographs of the jungle landscape to the subsequent monotypes, for example, one sees vestiges of reality, especially in the long vines, branches, and leaves that are transformed into organic, linear forms that move languorously across the picture field and recede into a seemingly deep space. Nevertheless, the monotypes are resolutely abstract, marked by forms drawn from nature but more broadly connoting notions of space and motion.

Working with the photographs, Mazal also decided that they were to be a vital element of the series, not merely as visual aids for translation into other media, but as works of art in and of themselves. They picture distinct facets of Palenque—a stepped pyramid, the Temple of the Inscriptions,[2] shrouded in veils of mist; the temples' stones; and details of the jungle landscape. Especially with their large scale (all are about 30 inches square), the photographs provide the physical context to the Red

que permite el software digital. Con estas herramientas, el artista termina realizando una pintura "virtual" que solamente existe electrónicamente, en espera de su posible interpretación sobre una tela. Este enfoque creativo resultó fundamental en el desarrollo de *La Tumba de la Reina Roja* puesto que Mazal deseaba explorar un tema concreto y utilizar su lenguaje artístico para transitar de la realidad tangible a la abstracción pura.

La posibilidad de previsualizar pinturas en una pantalla de computadora y de mantener un archivo de composiciones virtuales también le permitió a Mazal transitar con destreza entre diversos medios artísticos y escalas. De hecho, un nivel de lectura del proyecto de la Reina Roja es el diálogo fructífero entre la tecnología digital y las técnicas tradicionales del pintor. Las fotografías no solo han constituido la base de sus exploraciones a partir de la computadora, sino que las composiciones virtuales resultantes han servido como bocetos para los monotipos y las pinturas y, a su vez, los monotipos han sido fuente de inspiración para las pinturas. Por ejemplo, al yuxtaponer fotografías de los paisajes de la selva sobre subsecuentes monotipos, uno encuentra vestigios de realidad, especialmente las enredaderas largas, las ramas y hojas que se convierten en formas orgánicas, lineares que se mueven lánguidamente a través del campo pictórico y retroceden a un espacio aparentemente profundo. Sin embargo, los monotipos son absolutamente abstractos, marcados por formas que surgen de la naturaleza, pero de manera más amplia connotan nociones de espacio y movimiento.

Al estar trabajando con las fotografías, Mazal también decidió que iban a ser un elemento vital de la serie, no meramente apoyos visuales para ser traducidos a otros medios, sino obras de arte en sí mismas. Estas representan facetas distintivas de

Fig. 5

FROM REALITY TO ABSTRACTION: THE JUNGLE
DE LA REALIDAD A LA ABSTRACCION: LA SELVA

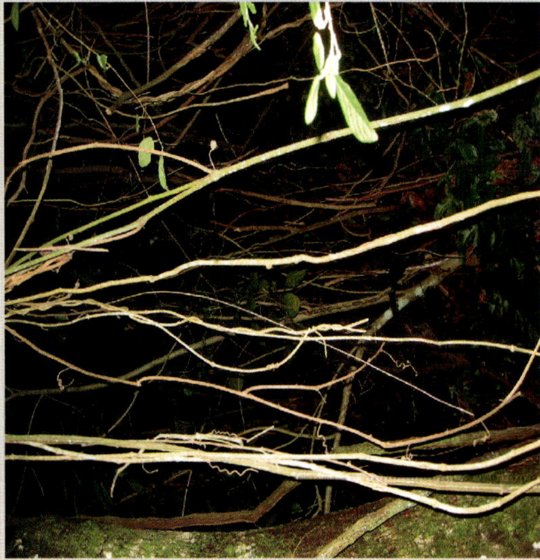

Jungle Photograph / Fotografía Selva

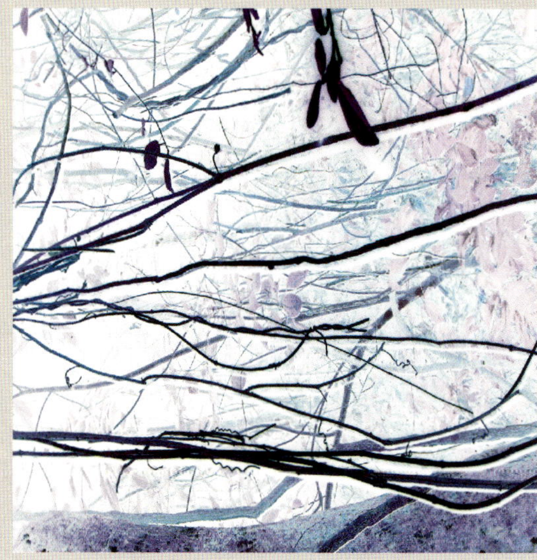

Digital Transformation 1 / Transformación Digital 1

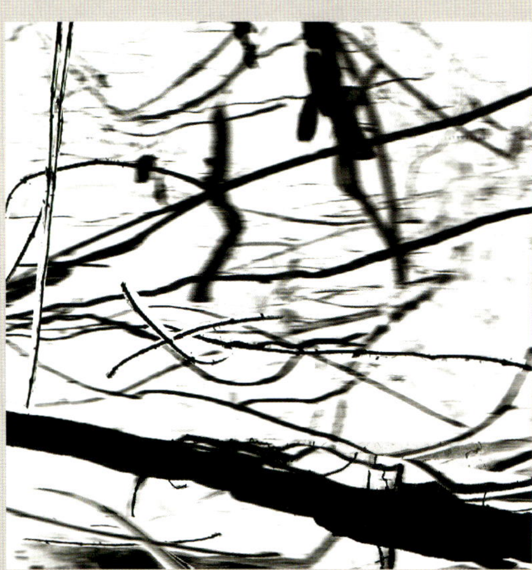

Digital Transformation 4 / Transformación Digital 4

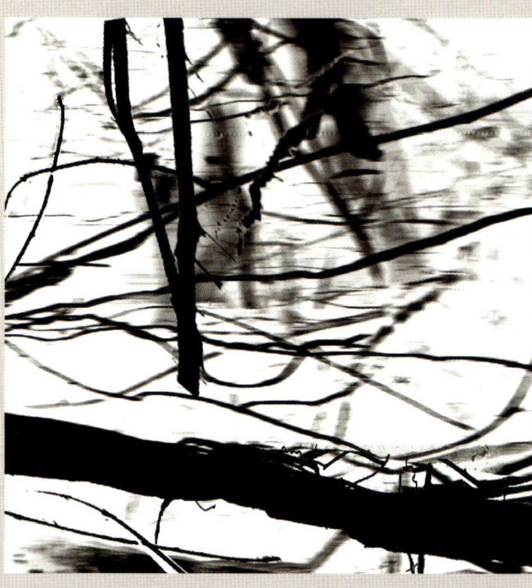

Digital Transformation 5 / Transformación Digital 5

Evolution of the Painting: Stage 1
Evolución de la Pintura: Paso 1

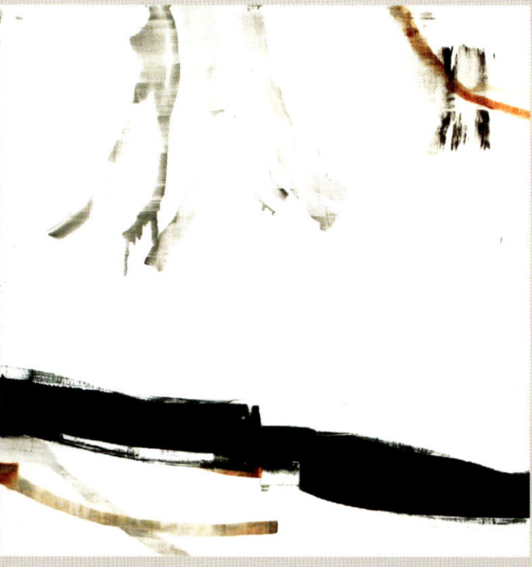

Evolution of the Painting: Stage 2
Evolución de la Pintura: Paso 2

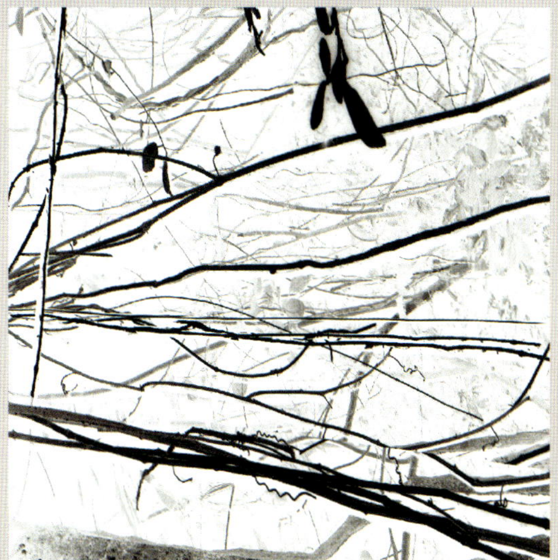
Digital Transformation 2 / Transformación Digital 2

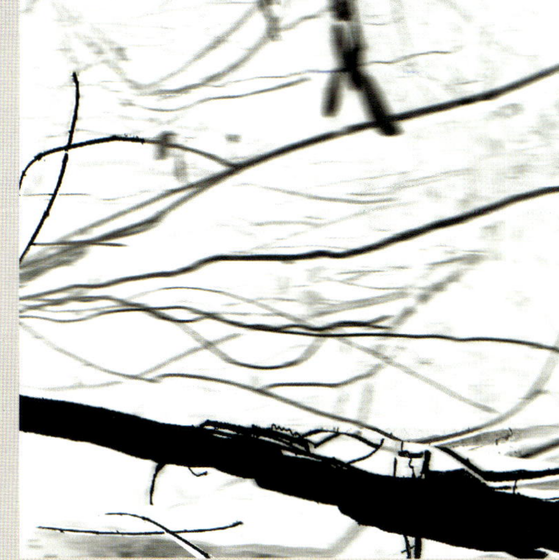
Digital Transformation 3 / Transformación Digital 3

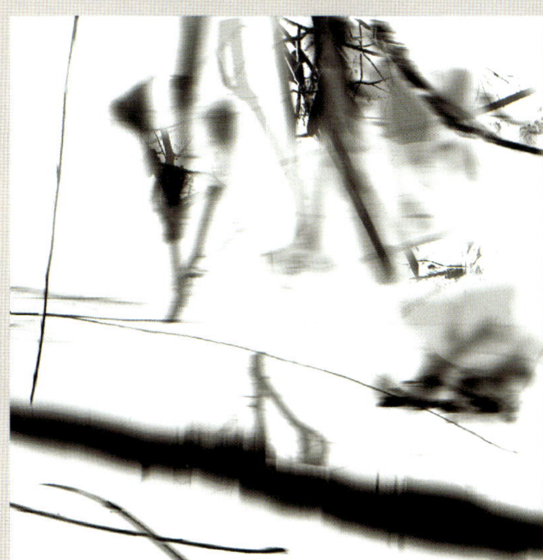
Digital Transformation 6 / Transformación Digital 6

Monotype / Monotipo

Evolution of the Painting: Stage 3
Evolución de la Pintura: Paso 3

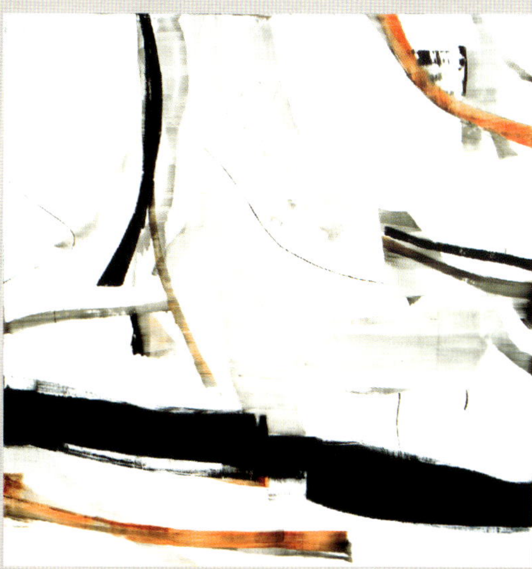
Final Painting / Pintura Final

Fig. 5

FROM REALITY TO ABSTRACTION: THE TEMPLE
DE LA REALIDAD A LA ABSTRACCION: EL TEMPLO

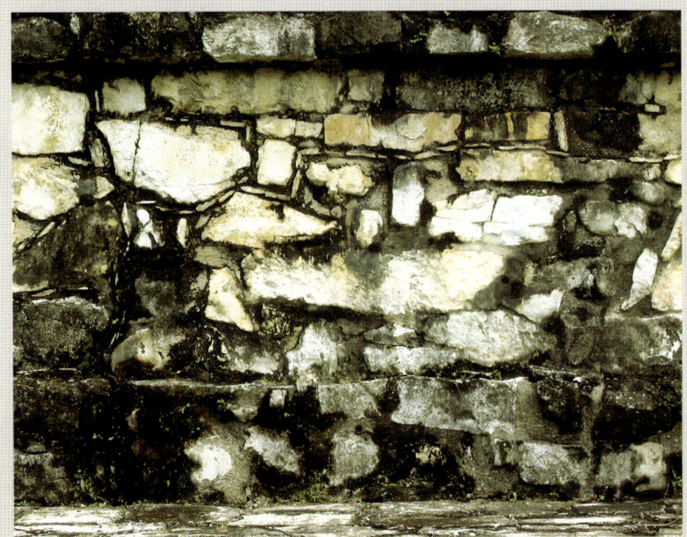

Stone Photograph / Fotografía de las Piedras

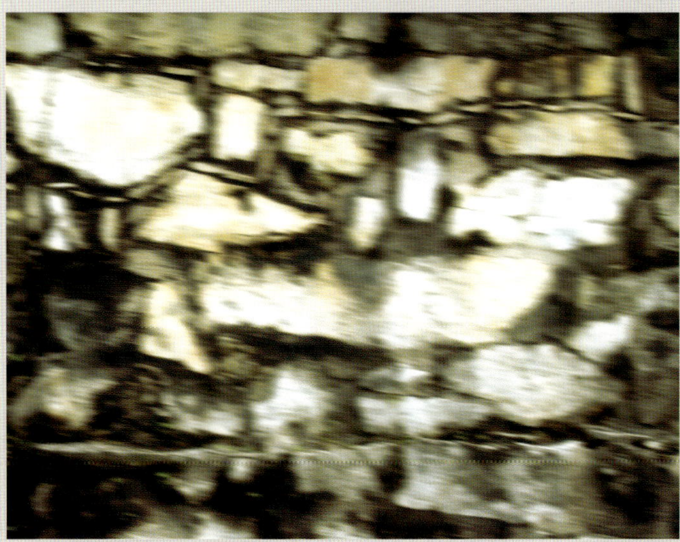

Digital Transformation 1 / Transformación Digital 1

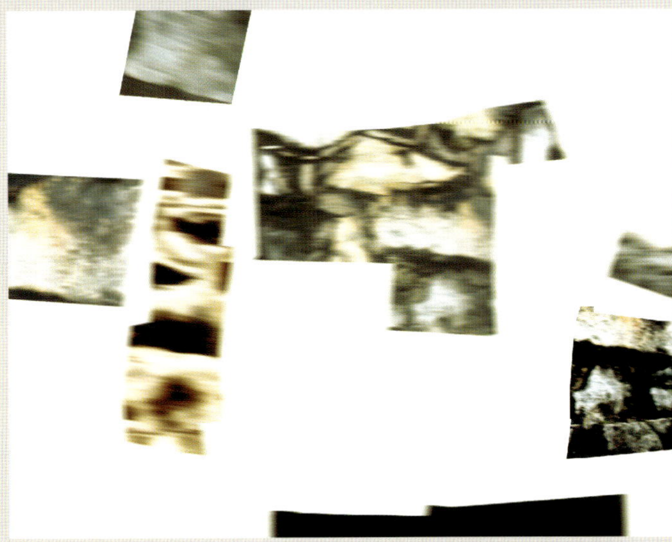

Digital Study 1 / Estudio Digital 1

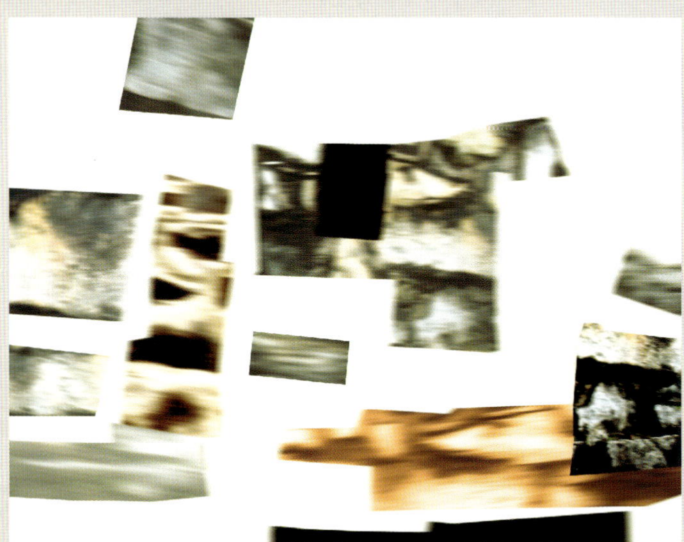

Digital Study 2 / Estudio Digital 2

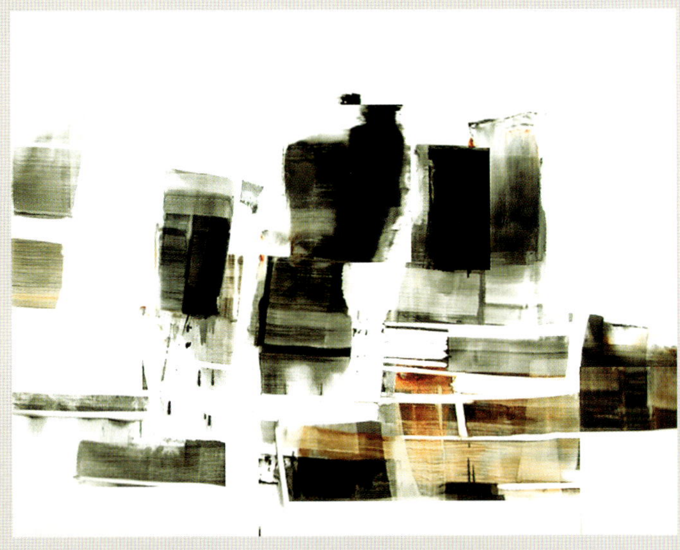

Evolution of the Painting: Stage 1
Evolución de la Pintura: Paso 1

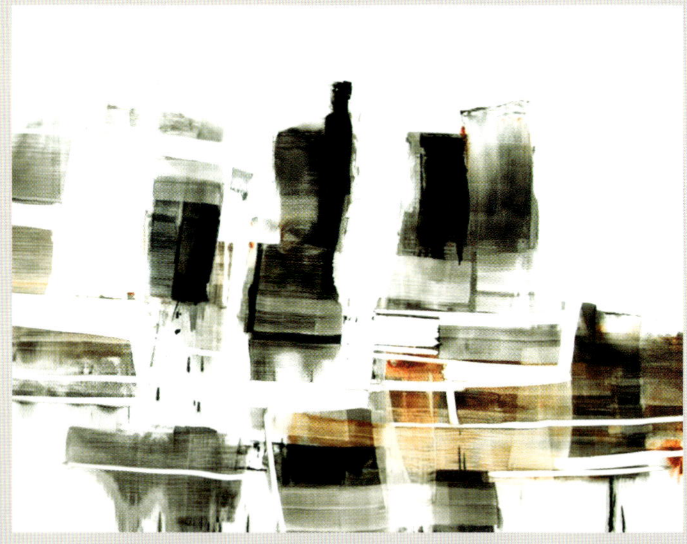

Evolution of the Painting: Stage 2
Evolución de la Pintura: Paso 2

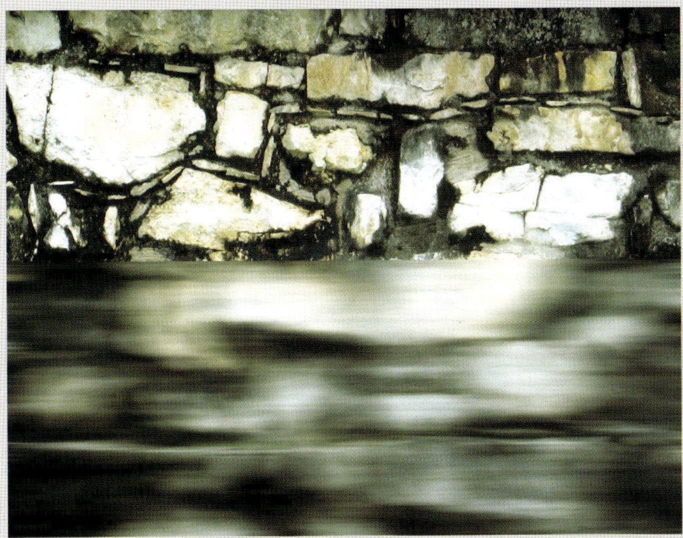

Digital Transformation 2 / Transformación Digital 2

Digital Transformation 3 / Transformación Digital 3

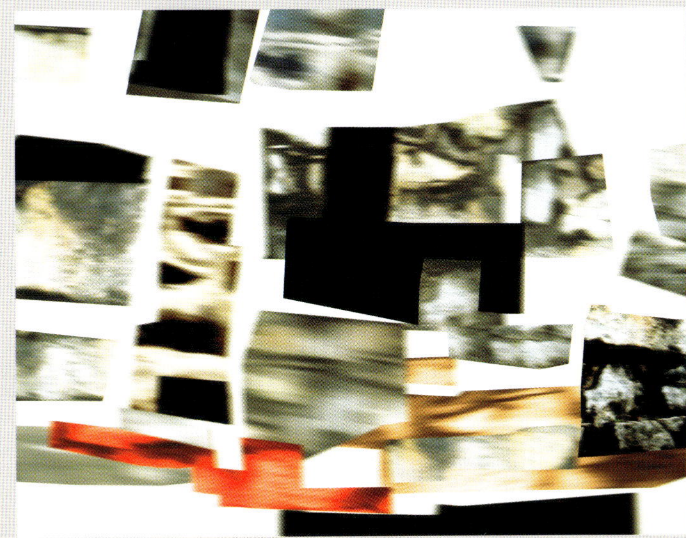

Digital Study 3 / Estudio Digital 3

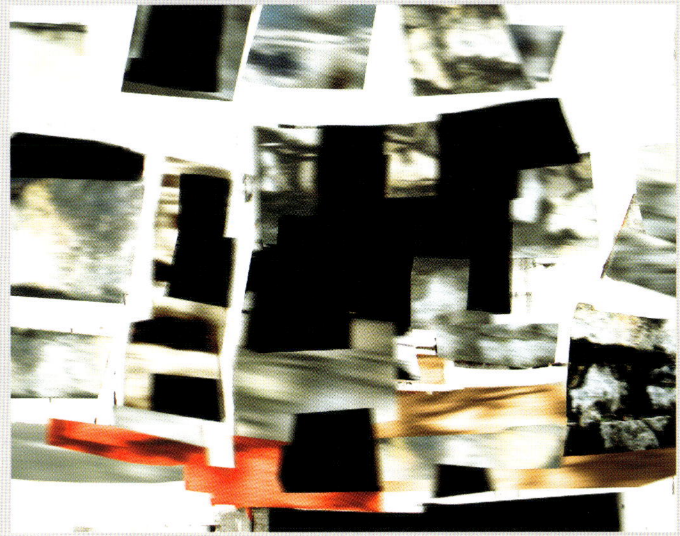

Digital Study 4 / Estudio Digital 4

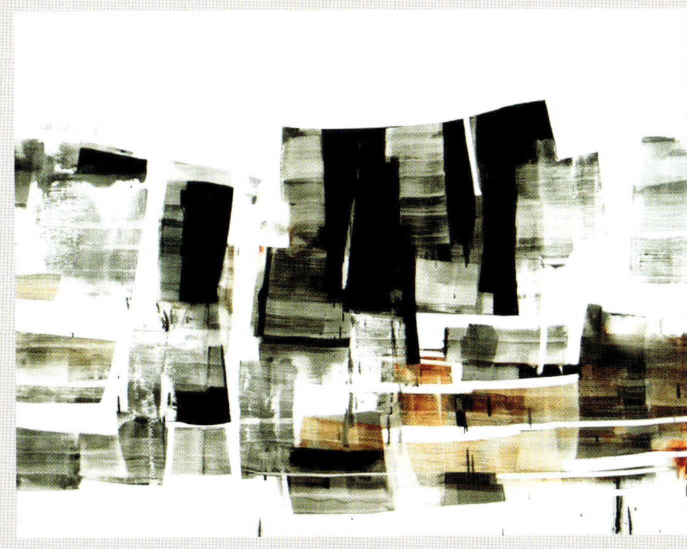

Evolution of the Painting: Stage 3
Evolución de la Pintura: Paso 3

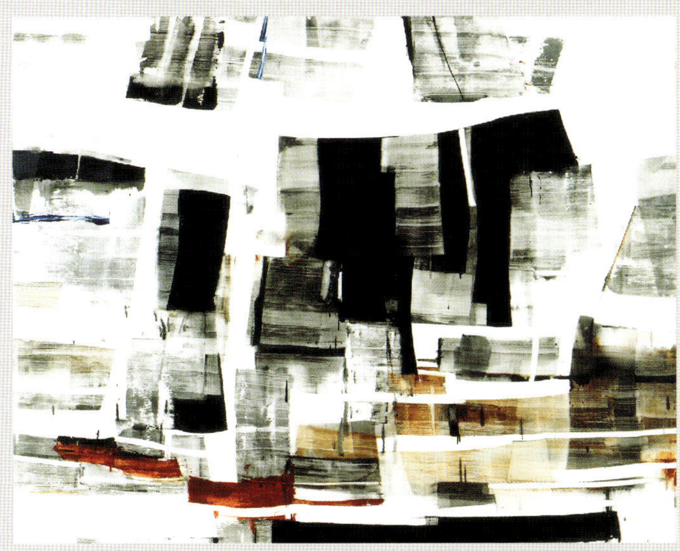

Final Painting / Pintura Final

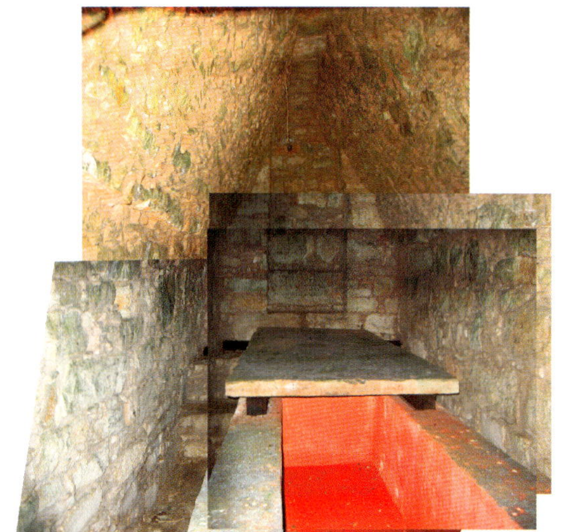

Fig. 7
Tomb of the Red Queen
Palenque, Chiapas, Mexico
Tomb dimensions: 98.5 x 150 inches
Digital photographs

Queen and her tomb; moreover, they illuminate a corresponding vision to the abstract. Although such representational imagery has been wholly absent in Mazal's previous bodies of work, for the artist, both aspects of reality, the external and internal, are always implied. Here, they are meant to be viewed nearly side-by-side, offering yet another example of formal dialogue within the series. Images of the "real" act as points of departure for both artist and spectator; the abstract works, as a poetic distillation of experience and emotion.

Mazal brought together the varied elements seen in the photographs, monotypes, and virtual compositions, in a group of paintings which he began only after several months of working with the series. He first sought to discover an internal logic to the paintings, a body of works that would inevitably be charged with great symbolic weight. On the floor of his studio, he had earlier taped off a rectangular form reproducing the dimensions of the chamber that holds the Red Queen's tomb, a visual reminder of the impact the site had had on him. He finally realized that the paintings should incorporate these dimensions as a way of offering the spectator a sense of

Palenque —una pirámide escalonada, el Templo de las Inscripciones[2], envueltos en velos de neblina; las piedras del templo: y los detalles del paisaje selvático. Debido al gran formato (todas tienen aproximadamente 76 centimetros cuadrados), las fotografías le proporcionan un contexto físico a la Reina Roja y a su tumba. Más aún, ilustran una visión correspondiente a lo abstracto. Aunque este tipo de imágenes figurativas han estado del todo ausente de los conjuntos de obra antriores de Mazal, para el artista, ambos aspectos en la realidad, el externo y el interno, siempre están implícitos. En este caso se plantea que sean vistos casi lado a lado, ofreciendo otro ejemplo más del diálogo formal al interior de la serie. Las imágenes de lo "real", funcionan como puntos de partida tanto para el artista como para el espectador; las obras abstractas, como destilaciones poéticas de la experiencia y la emoción.

Mazal reunió la variedad de elementos vistos de las fotografías, monotipos y composiciones virtuales en un grupo de pinturas que empezó, sólo después de varios meses de trabajar en la serie. Primero quiso descubrir la lógica interna de las pinturas, un conjunto de obras que inevitablemente tendrían un enorme peso simbólico. Previamente, en el piso de su estudio había marcado con cinta una forma rectangular que reproducía las dimensiones del aposento en el que está la tumba de la Reina Roja; era un recordatorio visual del impacto que le causó el sitio. Finalmente se da cuenta que las pinturas deberían incorporar estas dimensiones como una forma de ofrecerle al espectador un sentido de la realidad física de la tumba. Como resultado, las pinturas de mayor formato tienen las dimensiones de la tumba de la Reina Roja (un monumental 250 x 381 centimetros); muchas otras de la serie son de 250 centimetros cuadradas. Como dice Mazal, al usar estas medidas, las pinturas se "desdoblan" de la tumba misma. Vistas en su totalidad, sugieren arquitectura, espacio y encierro, otorgándole a la serie

physically relating to the tomb. As a result, the largest paintings have the dimensions as the Red Queen's tomb (a monumental 98.5 x 150 inches); many others in the series are 98.5 inches square. As Mazal states, by using these measurements, the paintings "unfold" from the tomb itself. Viewed in sum, they suggest architecture, space, and enclosure, endowing the entire series with the quality of three-dimensional installation, an environment where the range of sensations the artist experienced at Palenque are clearly palpable.

The suite of three canvases entitled *Noche Transformada* (Night Transformed), was inspired by elements of landscape that Mazal views as "the envelope" surrounding the temples and other structures. A series of photographs he took at night, walking along the paths near the ruins, inspired both these works and an earlier group of related monotypes. For the paintings and monotypes, Mazal inverted light and dark in a manner roughly akin to showing a photographic image in its negative state. He transformed the realm of the night into an airy white field inhabited by long strokes of ochre and black paint, forms that are the visual descendants of Palenque's lush plant life. Some of these linear passages float on the surface of the picture field, while others are subsumed into the background, existing as fleeting shadows inhabiting an elusive space. Mazal also applied broad, muscular swathes of dense black paint onto these works, infusing each canvas with an emphatic burst of energy that interrupts an otherwise quiet lyricism. These surface markings, whether portrayed as gentle lines or explosive physical gestures, endow each canvas with the character of a palimpsest that bears the traces of life and movement over expanses of time and space.

If the jungle paintings are most directly related to the natural environment surrounding Palenque, then *The Temple: Ah K'U Na 1* and 2 (Pages 62–63 and 64–65),

entera la calidad tridimensional de una instalación, un ambiente en el que es claramente palpable la gama de las sensaciones que experimentó el artista en Palenque.

La serie de tres telas tituladas *Noche Transformada*, fue inspirada por elementos del paisaje que Mazal considera "la envoltura" que rodea a los templos. Una serie de fotografías que tomó de noche, caminando por los senderos cerca de las ruinas, inspiró tanto estas obras como un grupo anterior de monotipos relacionados. En las pinturas y monotipos, Mazal invirtió la luz y la oscuridad de manera vagamente parecida a un negativo fotográfico. Transformó el ámbito nocturno en un campo de blanco ligero, habitado por pinceladas largas de pintura de color ocre y negro, formas que son descendientes visuales de la exuberante vida vegetal de Palenque. Algunos de estos pasajes lineares flotan en la superficie del campo pictórico, en tanto que otros se confunden con el fondo y existen como sombras pasajeras que habitan un espacio elusivo. Mazal también aplicó trazos amplios y musculosos de pintura negra sobre estas obras, infundiendo a cada tela con una emfática carga de energía que interrumpe un lirismo por lo demás tranquilo. Estas marcas sobre la superficie, ya sea que estén representadas como líneas suaves o explosivos gestos físicos, le dan a cada tela un carácter de palimpsesto que muestra los rastros de la vida y el movimiento a lo largo de períodos de tiempo y espacio.

Si bien las pinturas de la jungla están relacionadas más directamente con el entorno natural de Palenque, *The Temple* (El Templo): *Ah K'U Na I* y 2 (Páginas 62–63 y 64–65), se refieren al sitio mismo, a sus templos y sus piedras, y expresan la presencia de las ruinas con el paso del tiempo. Desarrolladas a partir de extensas manipulaciones digitales de fotografías y de imágenes resultantes, estas obras presentan amplias pinceladas que empiezan y terminan en la tela como si fuesen aplicadas en movimientos rápidos.

are devoted to the site itself, to the temples and stones, expressing the presence of the ruins over time. Developed through extensive digital manipulations of the photographs and subsequent imagery, these works feature broad swathes of paint that start and stop on the canvas as if applied in rapid movement. With their roughly gridded structure, palette of grays and ochre, and large scale, these canvases resemble a stone wall rising imposingly before the viewer, perhaps one conjured in dream or by the subconscious. Mazal's vigorous fragmentation of forms and blurred passages also suggest relentless movement, a desire to make the passage of time palpable, as if all time could be collapsed into a single plane.

A final group of four canvases, all entitled *Rojo Malaquita* (Red Malachite), (Pages 67–75) act as an emotional meditation on the Red Queen herself. The shifting gradations of brilliant red hues and the rapid brushwork that cover most of the surfaces of the large canvases produce a luminous, all-enveloping field of red. Mazal allows tantalizing slivers of green underpainting to show through, alluding to the shattered pieces of jade and malachite masks found in the sarcophagus. This mode of layering paint, of revealing and concealing, creates an apt symbol for the central mystery of the Red Queen: She was interred in a sarcophagus, surrounded by impressive offerings, and covered with red cinnabar pigment. Her tomb was hidden in a temple, itself surrounded by other structures, and ultimately, by dense jungle growth. Although clearly a noblewoman, the Red Queen's identity is unknown. The artist's tribute to her is embodied in his rich use of the attribute by which she is known, a color so potent in meaning that it alternately signifies life and death.[3]

Pursuing an artistic practice that merges digital technology with his formidable skill as a painter, Mazal projects the ancient site

Por su estructura vagamente reticular, su paleta de grises y ocres y su gran formato, estas telas se yerguen ante el espectador como un gran muro de piedra, quizá uno conjurado en sueños o por el subconsciente. La vigorosa fragmentación de Mazal de formas y sus pasajes borrosos también sugieren un movimiento incesante, un deseo de hacer palpable el paso del tiempo, como si todo el tiempo pudiese colapsarse en un sólo plano.

Un último grupo de cuatro telas, titulado *Rojo Malaquita* (Páginas *67–75*), funcionan como una meditación emocional sobre la Reina Roja misma. El cambio de gradación de los brillantes tonos de rojo y las pinceladas rápidas que cubren la mayor parte de las superficies de las grandes telas, producen un campo rojo envolvente y luminoso. Mazal permite que resalten fragmentos de pintura verde, aludiendo a los pedazos de máscara de jade y malaquita encontrados en el sarcófago. Este modo de pintar en capas, de revelar y ocultar, crea un símbolo apto para el misterio central de la Reina Roja: Ella fue enterrada en un sarcófago, rodeada de ofrendas impresionantes y cubierta de pigmento rojo cinabrio. Su tumba fue escondida en un templo, a su vez rodeado por otras estructuras y, finalmente, por la densa vegetación selvática. Aunque evidentemente es una mujer de la nobleza, se desconoce la identidad de la Reina Roja. El tributo que le hace el artista se refleja en su rico uso del atributo por el que se le conoce, un color de significado tan potente que significa tanto la vida como la muerte.[3]

Al plantear una práctica artística que combina la tecnología digital con su formidable habilidad pictórica, Mazal proyecta al antiguo sitio de Palenque en una forma totalmente nueva, conjugando la poética de un espacio cargado de espiritualidad a lo largo del tiempo. Para él, el sitio es como una esfera compleja, de múltiples estratos, que parte del entorno natural y transita hacia su interior, hasta culminar en una sola

of Palenque in a wholly new manner, as he conjures the poetics of a spiritually charged space existing over time. He expresses the site as a complex, multi-layered sphere that begins with the natural environment and moves inward, culminating in a single persona, the Red Queen. In this way, *La Tumba de la Reina Roja* reflects something of the Maya worldview in which human life, nature, and the sacred, are inextricably intertwined. This philosophy is most powerfully articulated in an installation, *Red Over Black*, that concludes the series, a work that represents Mazal's first experience working with this visual format. He produced it with minimal means, enframing one rectangle with another, forms made with red and charcoal black pigments. The inner rectangle reflects the dimensions of the Red Queen's sarcophagus; the larger, the stone chamber in which she was discovered. The installation, set on the floor in the center of a gallery space, offers a purely abstract evocation of the tomb, stripped of any reference to the human form, nature or architecture. The charcoal pigment absorbs light, and what remains is a magnetic locus of shimmering color—a metaphorical mirror to contemplate our own destiny and mortality.

Elizabeth Ferrer is a New York based curator and writer who specializes in modern and contemporary Mexican art and photography.

[1] Mazal's first paintings based on digital manipulations of previous imagery are published in the exhibition catalogue *Ricardo Mazal: Pintura, Fotografía, Dibujo* (Mexico City: Galería de Arte Mexicano, 2001).

[2] So called because it contains sculpted panels with 617 glyphs, making it one of the longest known Maya inscriptions. The base of the temple contains the tomb of the great king Pakal, ruler of the Maya people for most of the seventh century.

[3] It is worth noting that Palenque is not the only place where red pigment was used in ritual burials. It was similarly employed at other Maya sites and by cultures as diverse as the Maoris, Neolithic Chinese (3500–2200 B.C.), and European and Middle Eastern Neanderthals (60,000 B.C.).

persona, la Reina Roja. De esta manera, *La Tumba de la Reina Roja* refleja parte de la cosmogonía Maya, en la que la vida, la naturaleza y lo sagrado están inextricablemente entretejidos. Esta filosofía se articula con más fuerza en una instalación, *Rojo Sobre Negro*, que concluye la serie, una obra que representa la primera experiencia de Mazal trabajando en este formato visual. La realizó con mínimos medios, enmarcando un rectángulo dentro de otro, formas hechas con pigmentos de polvo rojo y negro carbón. El rectángulo interior refleja las dimensiones del sarcófago de la Reina Roja; el más grande, el aposento de piedra en la que fue descubierta. Colocada sobre el piso al centro del un espacio galerístico, la instalación ofrece una evocación puramente abstracta de la tumba, sin referencia alguna al cuerpo, a la naturaleza o a la arquitectura. El pigmento de carbón absorbe la luz y lo que queda es un centro magnético de color brillante —un espejo metafórico para contemplar nuestro propio destino y mortalidad.

Elizabeth Ferrer es curadora y escritoraindependiente. Trabaja en Nueva York y se especializa en la fotografía y el arte moderno y contemporáneo de México.

[1] La primera pintura de Mazal basada en manipulaciones digitales de imágenes previas están publicadas en el catálogo de la exposición *Ricardo Mazal: Pintura, Fotografía, Dibujo* (México D.F.: Galería de Arte Mexicano, 2001).

[2] Se llama así porque contiene paneles esculpidos con 617 glifos, lo que la hace una de las inscripciones mayas más largas. La base del tempo contiene la tumba del gran rey Pakal, regidor de los mayas durante la mayor parte del siglo siete.

[3] Vale la pena notar que Palenque no es el único sitio en el que se utilizó pigmento rojo en los entierros rituales, ya que fue utilizado en otros sitios mayas y por culturas tan diversas como los Maoris, las de la China neolítica (3500–2200 a. de C) y por las de los Neandertal de Europa y del Medio Oriente (60,000 a. de C).

JUNGLE MONOTYPES

MONOTIPOS DE LA SELVA

Drawing has always been extremely important to me; I am attracted to working on paper because it is a surface that encourages a truly free sense of expression. I decided to create a series of monotypes for this project that would reflect some of the freshness seen in the photographic manipulations I had been producing. Based on some of the photographs of the jungle, I made a number of virtual drawings—abstracted images of nature that existed only on the computer screen. I wanted to explore these forms more directly, and used the drawings as points of departure for a series of monotypes.

In the photographs, the forms of branches and plants are lit against the blackness of the night. In the monotypes, the image is reversed to allow lines and forms to be seen against (and receding into) an open white space. Nature is clearly the source of these compositions, but as a result of the way I manipulate the original image, the final works are meant to be highly abstract—an exploration of form and space, light and dark.

El dibujo siempre ha sido muy importante para mí; me atrae trabajar sobre papel porque es una superficie que parece estimular un sentido de expresión verdaderamente libre. Para este proyecto decidí crear una serie de monotipos que reflejaran parte de la frescura de las manipulaciones fotográficas que había estado produciendo. Basándome en algunas de las fotografias de la selva, hice una serie de dibujos virtuales —imágenes abstractas de la naturaleza que sólo existían en la pantalla de la computadora. Quería explorar estas formas de una manera mas directa y utilicé los dibujos como puntos de partida para los monotipos.

En las fotografias, las formas de las ramas y las plantas destacan ante la obscuridad de la noche. En los monotipos, la imagen se revierte para permitir que las lineas y formas se vean contra (y retrocediendo hacia) un espacio abierto blanco. Claramente la naturaleza es la fuente de estas composiciones, pero por la forma en la que manipulo la imagen original, pretendo que las obras finales sean completamente abstractas —una exploración de la forma y el espacio, la luz y la oscuridad.

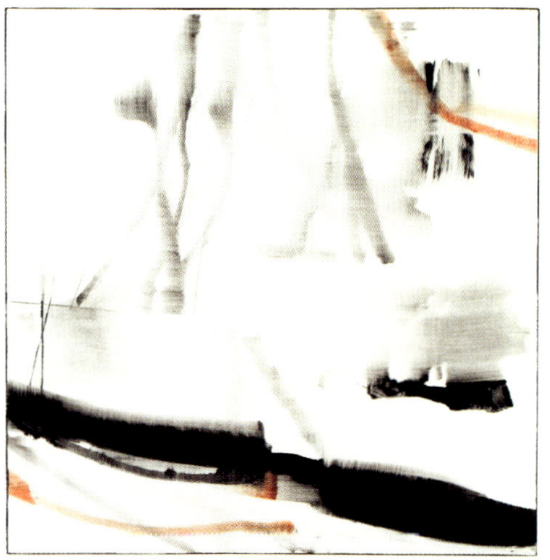
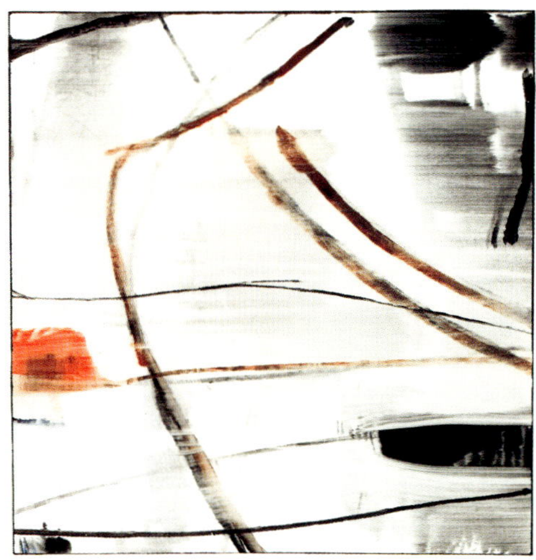
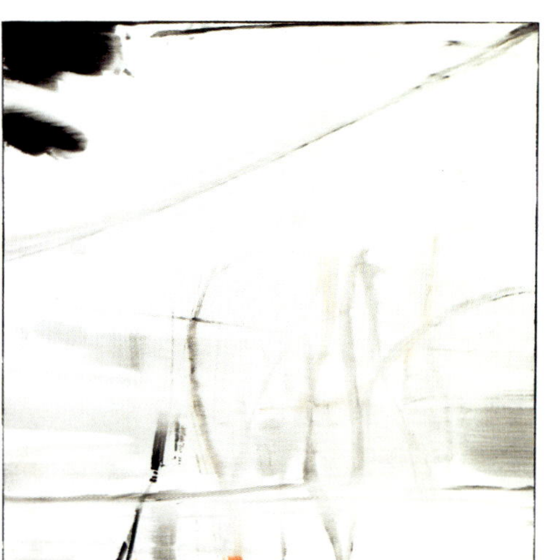

JUNGLE MONOTYPES / MONOTIPOS DE LA SELVA

PRINTING INKS ON LANAQUARELLE PAPER

IMAGE SIZE: 17 X 17 INCHES (43 X 43 CM)

PAPER SIZE: 32 X 29 INCHES (81 X 76 CM)

THE TITLES OF THESE WORKS ARE MAYAN WORDS FOR NUMBERS ZERO TO ELEVEN.
LOS TITULOS DE ESTAS OBRAS SON NUMEROS DEL CERO AL ONCE EN MAYA.

0:KAN	1:HO	2:WAK	3:UUK	4:UAXAC	5:OX
6:BULUK	7:BOLON	8:LAHUN	9:MI	10:HUN	11:KA

RED TOMB MONOTYPES

MONOTIPOS DE LA TUMBA ROJA

The red monotypes are directly related to the tomb of Red Queen. The Queen was a noble woman who was entombed at Palenque around 600 A.D. Her skeletal remains were covered in red cinnabar powder, a substance that conveys great symbolic weight. In Maya culture, red cinnabar was used in ritualistic burials to cover their dead. It is also a symbol of life and strength. This group of monotypes deals with both the subject of the Red Queen and all that she symbolizes, as well as the color red itself. I have also worked to convey the passage of time in these compositions, which I imply through veils of color and long, horizontal swaths of paint. Unlike the jungle monotypes, these works don't refer to forms in nature; they are meant to function in a more intuitive, emotional manner.

Los monotipos rojos están directamente relacionados a la tumba de la Reina Roja. La Reina fue una mujer de la nobleza que fue enterrada en Palenque alrededor de 600 d.C. Los restos de su esqueleto estaban cubiertos con pigmento rojo cinabrio, una sustancia de gran carga simbólica. En la cultura maya, el rojo cinabrio era utilizado en entierros rituales para cubrir a sus muertos. También es un símbolo de vida y fuerza. Este grupo de monotipos se refieren tanto al tema de la Reina Roja y a todo lo que simboliza, asi como al mismo color rojo. En estas composiciones también he querido transmitir el paso del tiempo, mismo que implico a través de veladuras de color y bandas horizontales de pintura. A diferencia de los monotipos de la selva, estas obras no se refieren a formas de la naturaleza, sino que pretenden funcionar de manera más intuitiva y emocional.

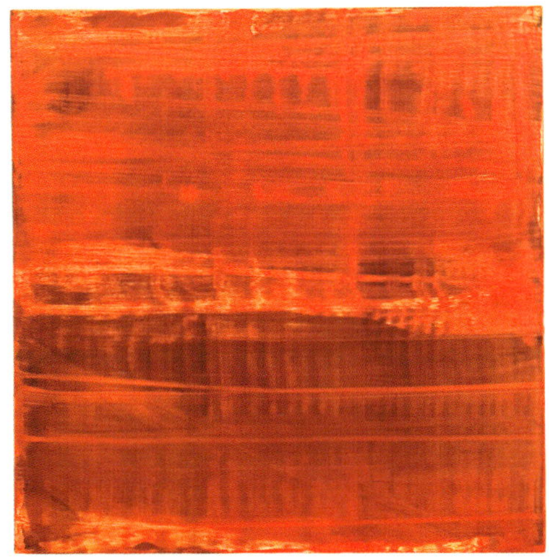

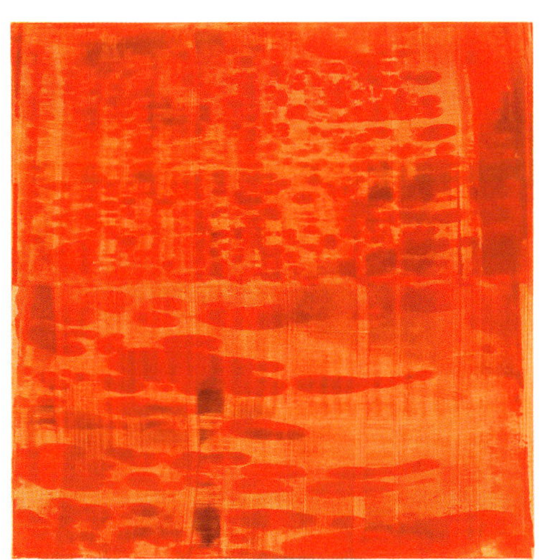

RED TOMB MONOTYPES / MONOTIPOS DE LA TUMBA ROJA

PRINTING INKS ON LANAQUARELLE PAPER

IMAGE SIZE: 17 X 17 INCHES (43 X 43 CM)

PAPER SIZE: 32 X 29 INCHES (81 X 76 CM)

THE TITLES OF THESE WORKS ARE MAYAN WORDS FOR NUMBERS ZERO TO ELEVEN.
LOS TITULOS DE ESTAS OBRAS SON NUMEROS DEL CERO AL ONCE EN MAYA.

0:KAN	1:HO	2:WAK	3:UUK	4:UAXAC	5:OX
6:BULUK	7:BOLON	8:LAHUN	9:MI	10:HUN	11:KA

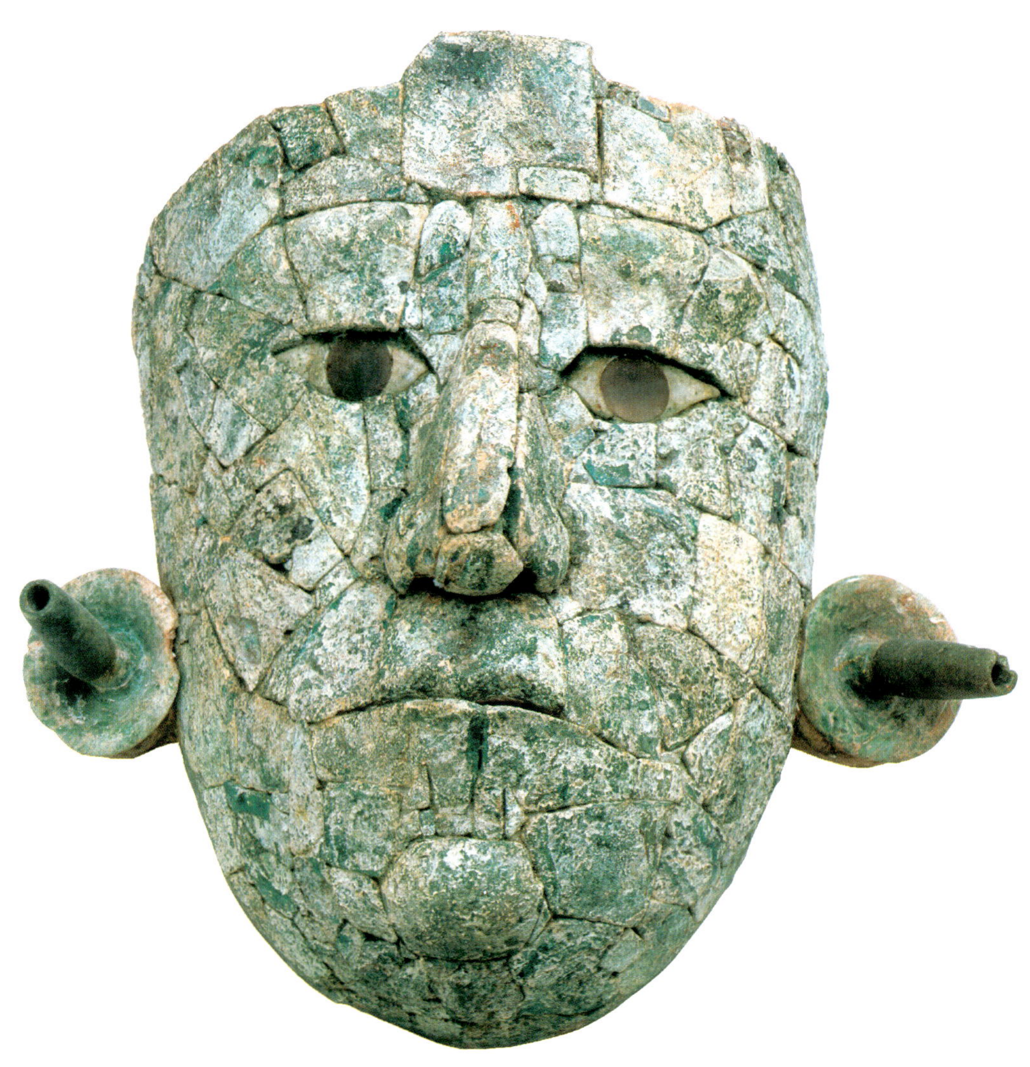

Mask of the Red Queen
Malachite, jadeite, and obsidian, 25 x 19 cm

Máscara de la Reina Roja
Malaquita, jadeíta y obsidiana, 25 x 19cm

Photograph/Fotografía: Jorge Pérez de Lara
Raíces/INAH

THE RED QUEEN

LA REINA ROJA

ARNOLDO GONZALEZ CRUZ

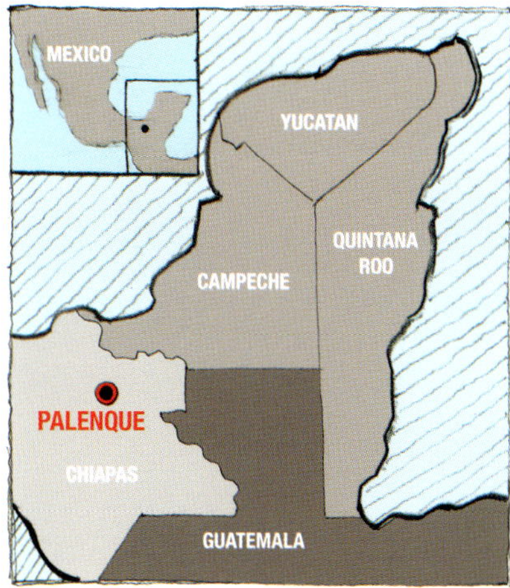

Palenque, on the foothills of the Eastern Chiapas mountain range, was a large city that flourished from around 600 to 900 A.D. Covering some 16 square kilometers, it comprises more than 800 structures including temples, platforms, palaces, bridges, aqueducts and houses. This ancient city revolved around what we now call the Great Plaza, considered to have been the political and administrative heart of Palenque, bounded by major architectural elements on its east, west and south sides. To its east rises a colossal construction known as the Palace. Inside, buildings surround courtyards, forming a large complex of open spaces, corridors, subterranean galleries, drainage works, and a tower that may have been used as an observatory. The Plaza's south side features a large platform upon which are four structures: the Temple of the Inscriptions, Temple XII–A, the Temple of the Skull, and Temple XIII, where we discovered the Tomb of the Red Queen.

In 1994 we carried out the exploration and restoration of the Temple of the Skull, Temple XII–A, and Temple XIII, which had first been detected by Alfred P. Maudslay in 1889 while carrying out his topographical survey of Palenque. In the course of our work we made a notable discovery inside Temple XIII, a tomb comprising a sarcophagus placed inside a mortuary chamber within an architectural complex of large dimensions and great quality of execution. The tomb was one of the richest ever found, exceeded only perhaps by Pakal's tomb in the Temple of the Inscriptions. The building is now known as the Temple of the Red

Palenque, al pie de las primeras estribaciones de la sierra oriental de Chiapas, era una vasta ciudad que floreció aproximadamente entre 600 y 900 d.C. Contaba con una superficie aproximada de 16 kilómetros cuadrados incluyendo más de 800 estructuras, entre templos, plataformas, basamentos, palacios, puentes, acueductos y unidades habitacionales. Esta antigua ciudad giraba entorno a lo que conocemos hoy como la Gran Plaza, espacio casi rectangular limitado en los costados este, oeste y sur por grandes conjuntos arquitectónicos y que ha sido considerado como el corazón de las actividades político-administrativas de Palenque. En el extremo este se ubica una construcción colosal conocida como El Palacio, en cuyo interior hay edificios alrededor de patios interiores que conforman un complejo grupo de espacios abiertos, corredores, galerías subterráneas, drenajes y una torre que debió servir como observatorio. En el lado sur de la Plaza, se extiende una inmensa plataforma sobre la cual se encuentran cuatro estructuras: el Templo de las Inscripciones, el Templo XII–A, el Templo de la Calavera y el Templo XIII, donde descubrimos la Tumba de la Reina Roja.

Durante 1994 se realizó la exploración y restauración del Templo de la Calavera, el Templo XII–A y el Templo XIII, que fueron detectados originalmente en 1889 por Alfred P. Maudslay durante el levantamiento topográfico de Palenque. Durante estos procesos destaca un notable descubrimiento dentro del hallazgo del Templo XIII, una tumba con un sarcófago dentro de una cámara mortuoria en el interior de un complejo

Queen, on account of the tomb and the red cinnabar covering its occupant.

One goal in carrying out archaeological work on Temple XIII (as Maudslay had first named it) was to understand the mode and sequence of its construction. We began by digging two approach trenches in order to locate the contours of the temple's substructure and its main stairway. In continuing explorations of the first two levels that had been initiated by Jorge Acosta in 1973, we discovered the remains of the totally collapsed main stairway. As cleanup work began, we located a small blocked-up door on the vertical section of the substructure's second level, some 2.8 meters over the Plaza level. After removing masonry that blocked the doorway, a narrow corridor was uncovered, six meters long with a north-south orientation. It led to one of the best-preserved galleries in all of Palenque. Oriented east-west and measuring 15 meters in length, it was built of large limestone blocks. The southern end of the gallery comprises three chambers, the first and the last of which were empty. The central chamber was blocked by stonework; a limestone lintel indicated that the chamber was once functional prior to being sealed up. The southeast, southwest, east, and west sides of the gallery also contained sealed doorways.

Despite the good state of preservation of the substructure, in May 1994 we started cleanup and consolidation work on the exterior of Temple XIII with a view to stopping constant rainwater seepage into the substructure. In the course of our work we constantly wondered what the sealed chamber might contain. To put speculation to rest we decided to make a narrow cut on the upper left of the wall. Before deciding where to penetrate we had to address several concerns, one being the risk of damaging any interior decoration in the chamber. Necessary precautions were taken and a

arquitectónico de grandes dimensiones y de gran calidad en su ejecución. La tumba fue una de las más ricas hasta entonces descubiertas, excepto por la tumba de Pakal en el Templo de las Inscripciones. Hoy el edificio se conoce como el Templo de la Reina Roja debido a la tumba y al rojo cinábrio que cubría a su ocupante.

Uno de los objetivos para llevar a cabo trabajos arqueológicos en el Templo XIII (como Alfred Maudslay primero lo nombró) era conocer su secuencia y forma constructiva. Los trabajos se iniciaron con dos calas de aproximación, con la intención de localizar los cuerpos que conforman el basamento que lo sustenta y por otro lado, detectar su escalinata principal. Al continuar con la exploración de los dos primeros cuerpos iniciados por Jorge Acosta en 1973, fue posible localizar los restos de la escalinata principal totalmente desplomada. Al iniciar su limpieza, se detectó una pequeña puerta tapiada, sobre el paramento vertical del segundo cuerpo a unos 2.80 metros del nivel de la plaza. Después de retirar las piedras que cubrían el acceso, se descubrió un angosto pasillo de seis metros de largo y con una orientación norte-sur, que conduce a una de las mejores crujías conservadas de Palenque. La crujía, de 15 metros de largo y con una orientación este-oeste, fue realizada con grandes bloques de piedra caliza. El extremo sur lo conforman tres aposentos, en donde el primero y el último se encontraban vacíos, mientras que la habitación central se encontraba tapiado; un dintel de piedra caliza nos indicaba que alguna vez tuvo función de habitación, antes de que quedara sellada completamente.

A pesar del buen estado de conservación de la subestructura, iniciamos a principios de mayo de 1994, trabajos de liberación y consolidación en el exterior del Templo XIII, para evitar las constantes filtraciones de agua de lluvia al interior de la

15-centimeter square penetration was made. Through it we were able to glance, for the first time in centuries, upon one of the richest tombs of Palenque, second only to Pakal's.

Inside we saw a perfectly vaulted chamber measuring 3.8 by 2.5 meters. A rectangular limestone sarcophagus occupied most of its surface. To the south, we detected the main door of the chamber and five steps that gave access to it. Efforts to gain access to this door proved fruitless, and we eventually decided to enter the tomb through its north wall. We enlarged our original small perforation once we were satisfied that there was no interior decoration that would be destroyed.

The chamber contained a sarcophagus painted red through the use of cinnabar, and it was carved in one single piece. A monolithic limestone slab 2.4 meters long, 1.18 meters wide, and 10 centimeters thick covered the tomb. At each end of the sarcophagus we found a skeleton, one of a male adolescent who must have been roughly eleven years old at the time of his death, the other of a female whose age has been calculated to have been between 30 and 35 years. Apparently, these individuals were sacrificed to accompany the main occupant of the tomb on her journey to the underworld.

We proceeded to remove the monolithic slab that served as a lid to the sarcophagus—arduous labor that took fourteen hours. With the lid out of the way, we were able to view the contents of the sarcophagus: the remains of an adult female lying on her back with the head facing north. Her height has been calculated at 1.54 meters and her age must have been between 40 and 45 years.

A large collection of jade and pearl objects, bone needles, and shells, covered and surrounded the skeleton. A mask that had broken

subestructura. Durante este proceso, muchos nos preguntábamos que había en el interior del mismo. Para salir de la duda y evitar conjeturas, decidimos hacer un corte estrecho en la parte superior izquierda del aplanado. Para ello fueron tomadas en cuenta muchas consideraciones antes de desmantelar una parte que nos permitiera ver el interior. Se tomaron las precauciones necesarias y se realizó una horadación de 15 x 15 cm donde pudimos apreciar por primera vez en cientos de años, una de las tumbas más ricas hasta entonces descubiertas en Palenque, después de la de Pakal.

Adentro se pudo observar un aposento perfectamente abovedado de 3.80 x 2.50 metros y donde casi toda el área estaba ocupada por un sarcófago de forma rectangular realizado en piedra caliza. Al sur se observaba la puerta principal y cinco escalones que daban acceso al recinto. Ante esfuerzos infructuosos de acceder por esta puerta, eventualmente decidimos entrar a la tumba por el vano norte. Para ello ampliamos la pequeña horadación, no sin antes comprobar la ausencia de decoración en el muro interno.

En el aposento se encontraba un sarcófago pintado en rojo cinabrio y tallado en una sola pieza. Sobre él descansaba una losa monolítica de piedra caliza de 2.40 metros de largo por 1.18 de ancho y 10 cm de grosor. En cada extremo del sarcófago encontramos esqueletos, uno de ellos de un individuo adolescente de unos 11 años al momento de su muerte, de sexo masculino, el otro se trata de un personaje de sexo femenino, cuya edad se ha calculado entre los 30 y 35 años. Aparentemente estos individuos fueron sacrificados para acompañar al personaje principal en su viaje al inframundo.

Posteriormente se procedió a retirar la lápida monolítica que le servía de tapa, labor que nos llevaría 14 horas. Al removerla, fue localizado en el fondo, con la cabeza orientada

into over 1,100 pieces complemented by other pieces that were likely parts of necklaces, earspools, and wristlets, adorned the body. Among the objects worthy of special mention are a diadem made of flat, circular jade beads worn around the cranium and several pieces of malachite that may be parts of a mask. In addition, we found jade beads, obsidian blades, small limestone axes, and jade plaques, the latter also probably the remains of a mask. One of the most notable pieces in this set is an extremely small figurine carved in limestone, found inside a bivalve shell in one corner of the sarcophagus. The walls of the sarcophagus, the body, and all its accompanying elements were heavily covered in a red dust that has been identified as cinnabar.

The discovery of the Red Queen's tomb affords another example of a sarcophagus inside a mortuary chamber within an architectural complex. This and other features make the Red Queen's tomb similar to the tomb under the Temple of the Inscriptions. But unlike Pakal's tomb, the crypt and sarcophagus of the Red Queen completely lack decoration or glyphic inscriptions, a fact that prevents us from knowing the identity of this female character. This unknown personage has thus come to be known by the provisional name, "the Red Queen." Her social status must have been very high, particularly when considering that her tomb, after Pakal's, is the most lavish of all found at Palenque. Nevertheless, it is unsurprising that the Red Queen's royal tomb displays an absence of glyphic texts. In Palenque, it is the rule rather than the exception that tombs contain no inscriptions. Pakal is exceptional both in being the most important character yet found in the ancient city and in that his tomb is the only one with extensive texts identifying its occupant. Thanks to sparse ceramic evidence inside the Tomb of the Red Queen, however, we can tentatively date it to between 600 and 700 A.D., within the Late Classic period.

hacia el norte, los restos óseos de un individuo adulto de complexión media, de sexo femenino, y de una estatura calculada en 1.54 m, con una edad aproximada al momento de la muerte entre los 40 y 45 años.

Una colección de jades, perlas, agujas de hueso y conchas cubrían y rodeaban al esqueleto. Unas 1,100 piezas habrían formado parte de una máscara, collares, orejeras, y pulseras con las que vistieron al personaje para ser enterrado. Entre estos materiales resaltaba una diadema de cuentas circulares planas de jadeita sobre el cráneo y varias piezas de malaquita que por su distribución pensamos que se trate de una máscara. Además encontramos cuentas planas de jadeita, navajillas de obsidiana, pequeñas hachuelas de piedra caliza y plaquetas de jade. Estas últimas, por sus características probablemente se trataba de una pequeña máscara. Una de las piezas más relevante de este conjunto es una minúscula figurilla tallada en piedra caliza que apareció en el interior de una valva de concha en la esquina nordeste del sarcófago. Las paredes del sarcófago, el cuerpo y todos los elementos se encontraban cubiertos de un polvo rojo al que se ha identificado como cinabrio.

El hallazgo de la Reina Roja es otro ejemplo de un sarcófago dentro de una cámara mortuoria en el interior de un complejo arquitectónico. Por sus características, la tumba de la Reina Roja presenta similitudes con la del Templo de las Inscripciones. Sin embargo, a diferencia de la tumba de Pakal hay ausencia de decoraciones o textos glíficos, lo cual nos impide conocer la identidad de este personaje femenino. Por ello este personaje desconocido se ha llegado a conocer con el nombre provisional de la "Reina Roja". Su nivel social debe haber sido muy alto, especialmente si consideramos que su tumba, después de la de Pakal, es la más lujosa en

Many other studies are ongoing, including DNA testing. Adequate samples have been difficult to come by, given the antiquity of the remains, their poor state of preservation, and the thick covering of cinnabar which penetrated the surface layers of the bone, making it more difficult to extract nucleic acids. Nevertheless, it is expected that the techniques will be refined and applied to an adequate osteological sample that may yield information as to the genealogy of the personage found in the tomb.

Arnoldo González Cruz is an archaeologist and Director of the Proyecto Arqueológico Palenque, INAH, Mexico.

Palenque. Sin embargo, no es sorprendente que la tumba real de la Reina Roja no tenga textos glíficos. En Palenque, la regla es que las tumbas no contengan inscripciones más que la excepción. Pakal es la excepción tanto en que es el personaje más importante encontrado a la fecha en la antigua ciudad y que su tumba es la única con amplios textos que identifican a su ocupante. Sin embargo, las pocas evidencias de cerámica localizadas en el interior de la tumba de la Reina Roja, nos permite aproximarnos a una fecha tentativa y establecer que es del año 600 a 700 d.C. dentro del Clásico Tardío.

Muchos otros estudios continúan, como el caso del ADN, que ha sido difícil de obtener por la antigüedad, el mal estado de conservación en que fue localizada la osamenta, así como la gruesa cubierta de cinabrio que llegó a penetrar las capas superficiales de los huesos, dificultando así la extracción de los ácidos nucleicos. Sin embargo, se espera afinar las técnicas y aplicarlas adecuadamente a una muestra ósea que pueda dar cuenta del ámbito familiar del personaje en cuestión.

Arnoldo González Cruz es arqueólogo y Director del Proyecto Arqueológico Palenque, INAH, México.

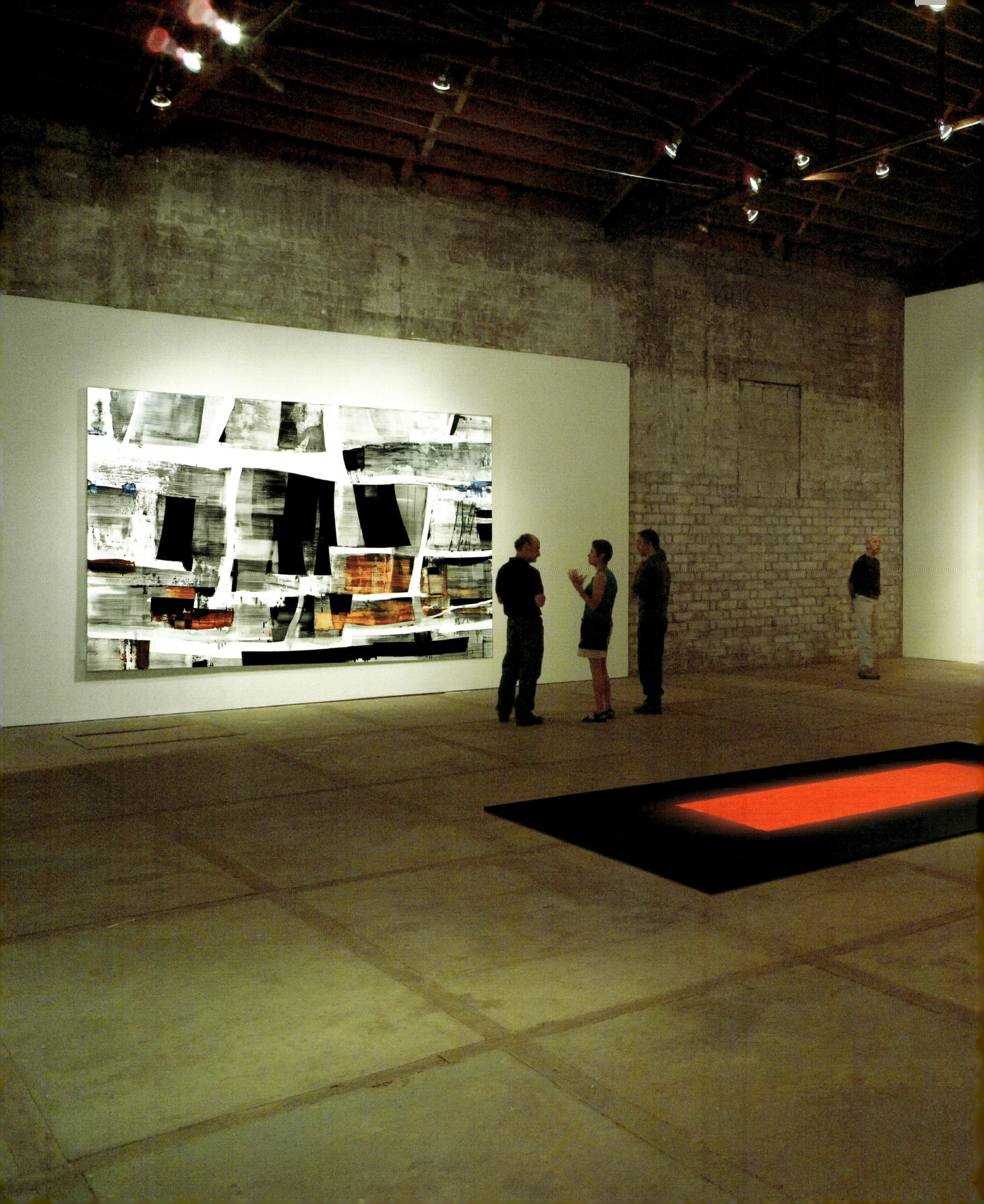

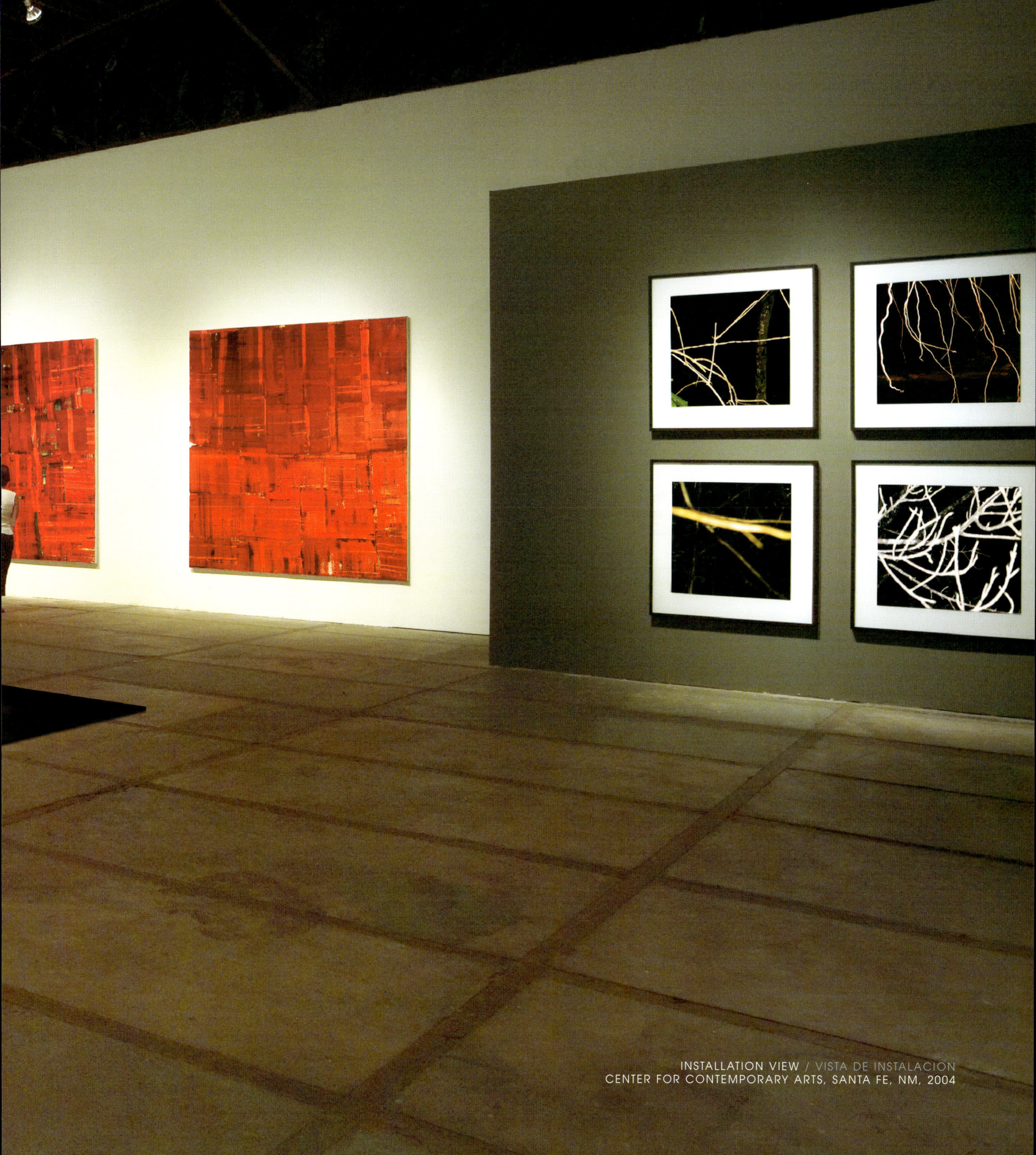

INSTALLATION VIEW / VISTA DE INSTALACION
CENTER FOR CONTEMPORARY ARTS, SANTA FE, NM, 2004

PAINTINGS / PINTURAS

THE TEMPLES / LOS TEMPLOS
THE TOMB / LA TUMBA
THE JUNGLE / LA SELVA

The paintings came relatively late in the development of the Red Queen project, in great part because it took time for me to develop an overarching approach to a group of large-scale paintings that would explore all three zones of the project—the jungle, the stones, and the Red Queen. Over time, I realized that the scale of the canvases should have a relation to the physical site at Palenque, the tomb itself. The largest paintings in the project measure 98.5 x 150 inches, the dimensions of the chamber in which the Red Queen was buried. Other paintings are 98.5 inches square, meaning that each canvas offers the viewer a sense, in abstract terms, of their own physical relation to the tomb.

As with the monotypes, the photographs I initially made at Palenque were essential to the development of the paintings. The compositions are elaborated as a result of various modes of manipulating previous imagery: fragments of the photographs, the digital studies I made from the photographs, and the monotypes. The process involves a back-and-forth dialogue between real works and the virtual images I can manipulate repeatedly on the computer screen. The final paintings, however, rely much on the traditional tools of the painter as well as on spontaneous decisions I make as I stand before the canvas.

Las pinturas aparecieron relativamente tarde en el desarrollo del proyecto de la Reina Roja, en gran medida porque tomó tiempo desarrollar un grupo de pinturas de gran formato que abarcara las tres zonas del proyecto —la jungla, las piedras y la Reina Roja. Con el paso del tiempo, me di cuenta que el tamaño de las telas debía tener relación con el sitio físico de Palenque, con la tumba misma. Las pinturas más grandes en el proyecto miden 250 x 381 centimetros, la dimensión de la cámara en la que fue enterrada la Reina Roja. Otras pinturas miden 250 centimetros cuadrados, lo cual significa que cada tela le ofrece al espectador, en términos abstractos, un sentido de su propia relación con la tumba.

Al igual que con los monotipos, las fotografías que realicé inicialmente en Palenque, fueron esenciales para el desarrollo de las pinturas. Las composiciones fueron elaboradas como resultado de varias formas de la manipulación previa de las imágenes: fragmentos de fotografías, los estudios digitales que realicé a partir de las fotografías y los monotipos. El proceso implica un intenso diálogo entre las obras reales y las imágenes virtuales que puedo manipular repetidamente en la pantalla de la computadora. Sin embargo, las pinturas finales, dependen mucho en las herramientas tradicionales del pintor así como en las decisiones espontáneas que tomo frente a la tela.

THE TEMPLES / LOS TEMPLOS

AH K'U NA I, 2003
OIL ON LINEN 96 X 130 INCHES

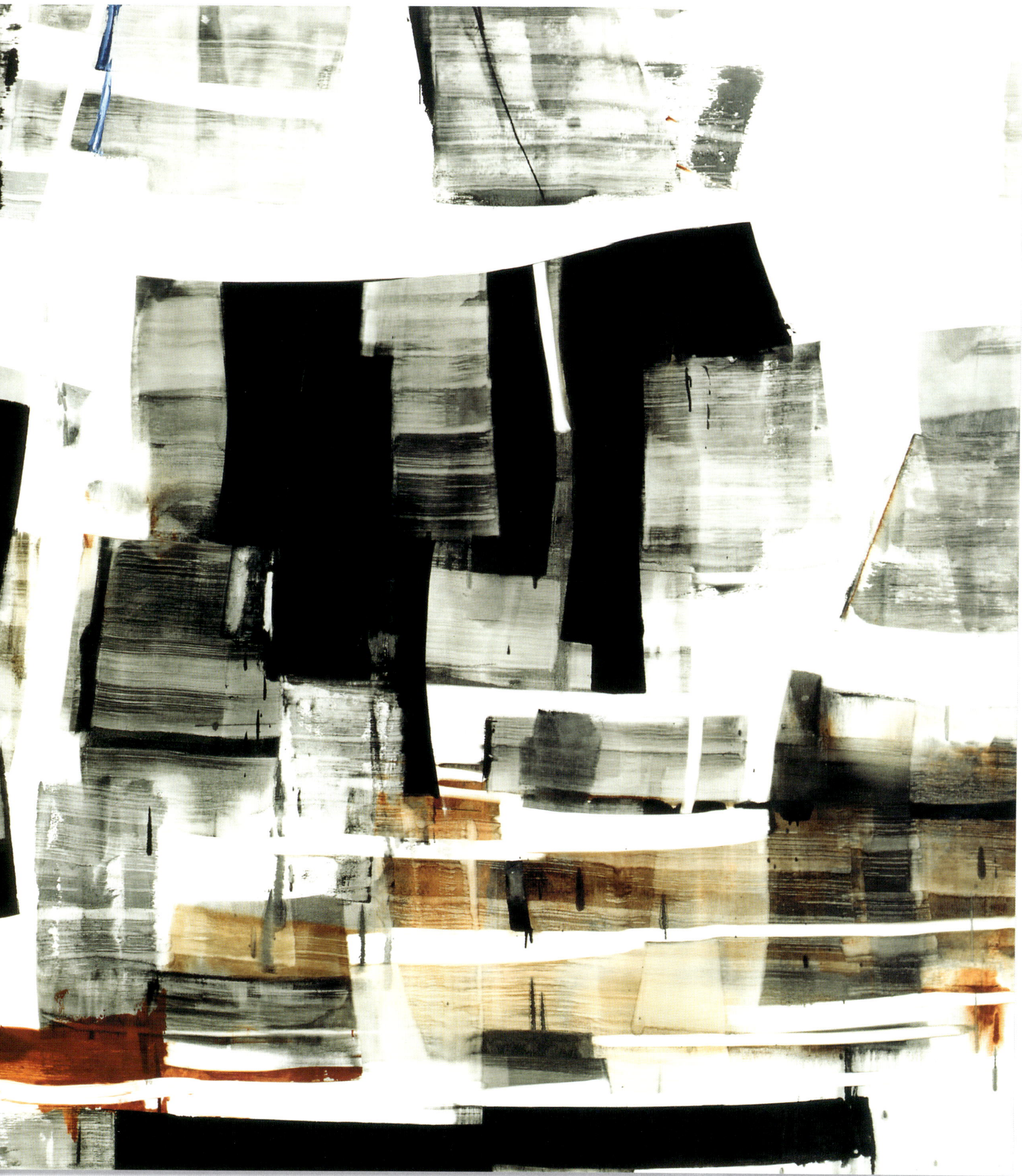

THE TEMPLES / LOS TEMPLOS

AH K'U NA 2, 2004
OIL ON LINEN 98.5 X 150 INCHES

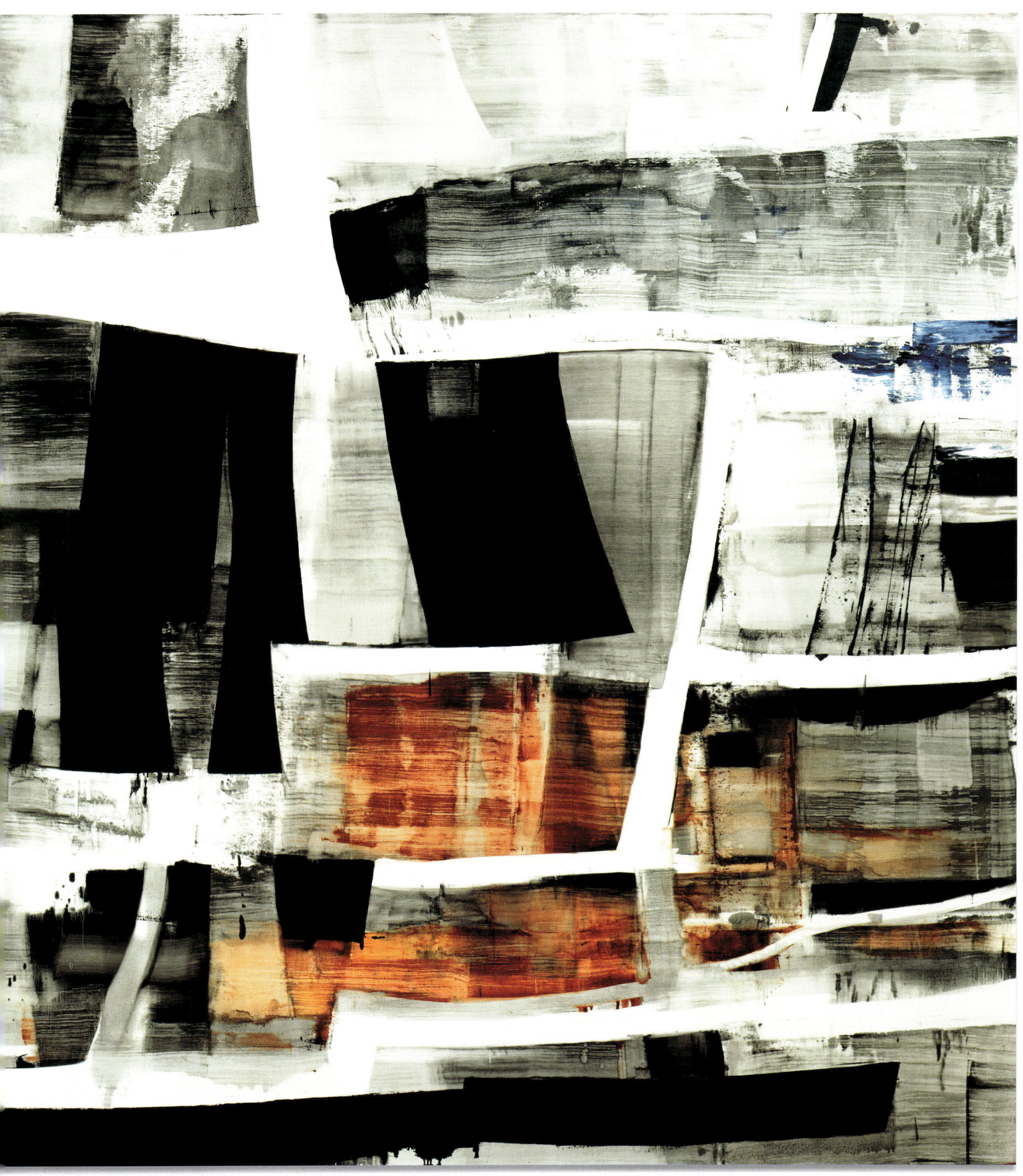

THE TOMB / LA TUMBA

ROJO MALAQUITA I / RED MALACHITE I, 2004
OIL ON LINEN 98.5 X 98.5 INCHES

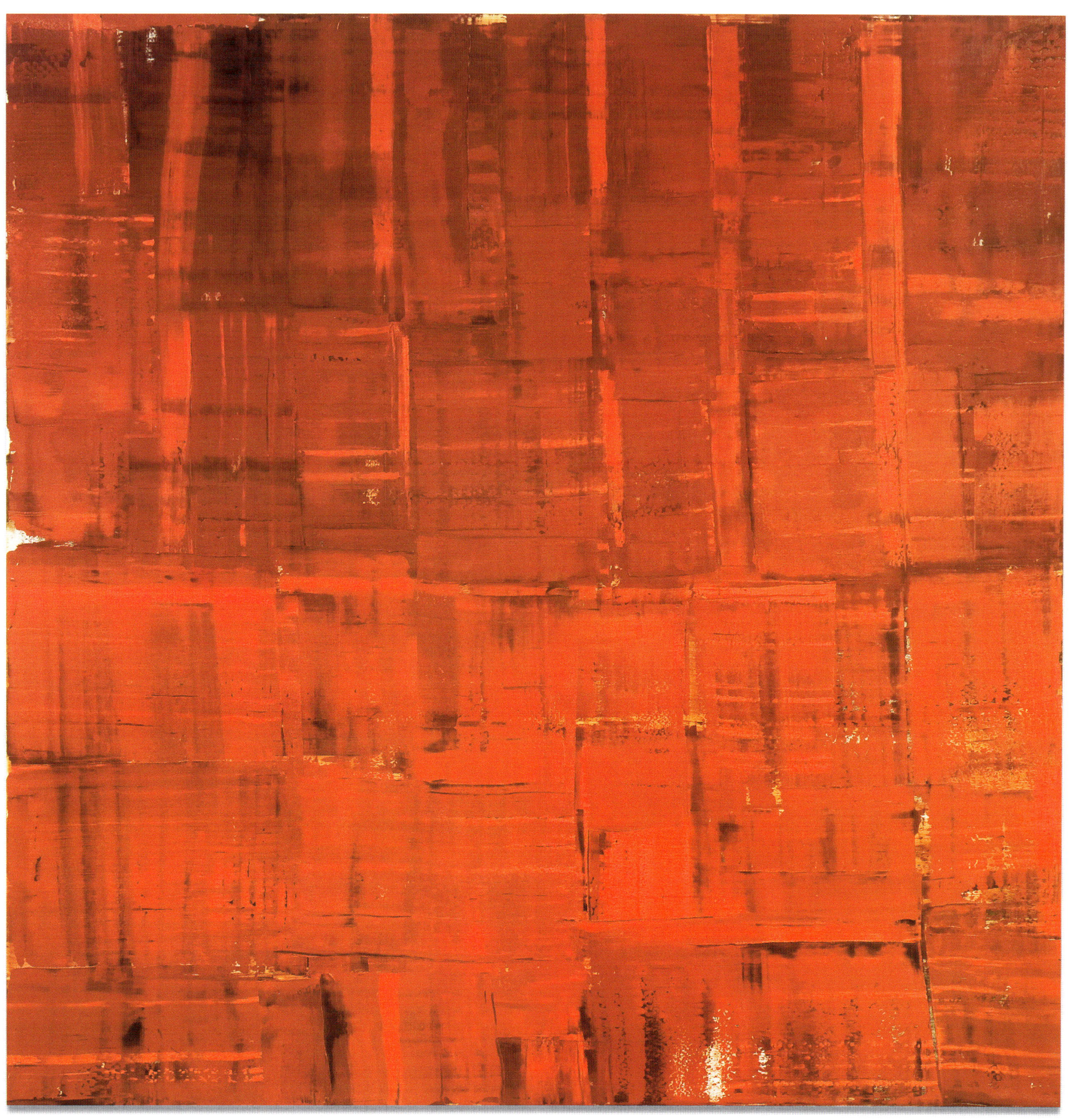

THE TOMB / LA TUMBA

ROJO MALAQUITA 2 / RED MALACHITE 2, 2004
OIL ON LINEN 98.5 X 98.5 INCHES

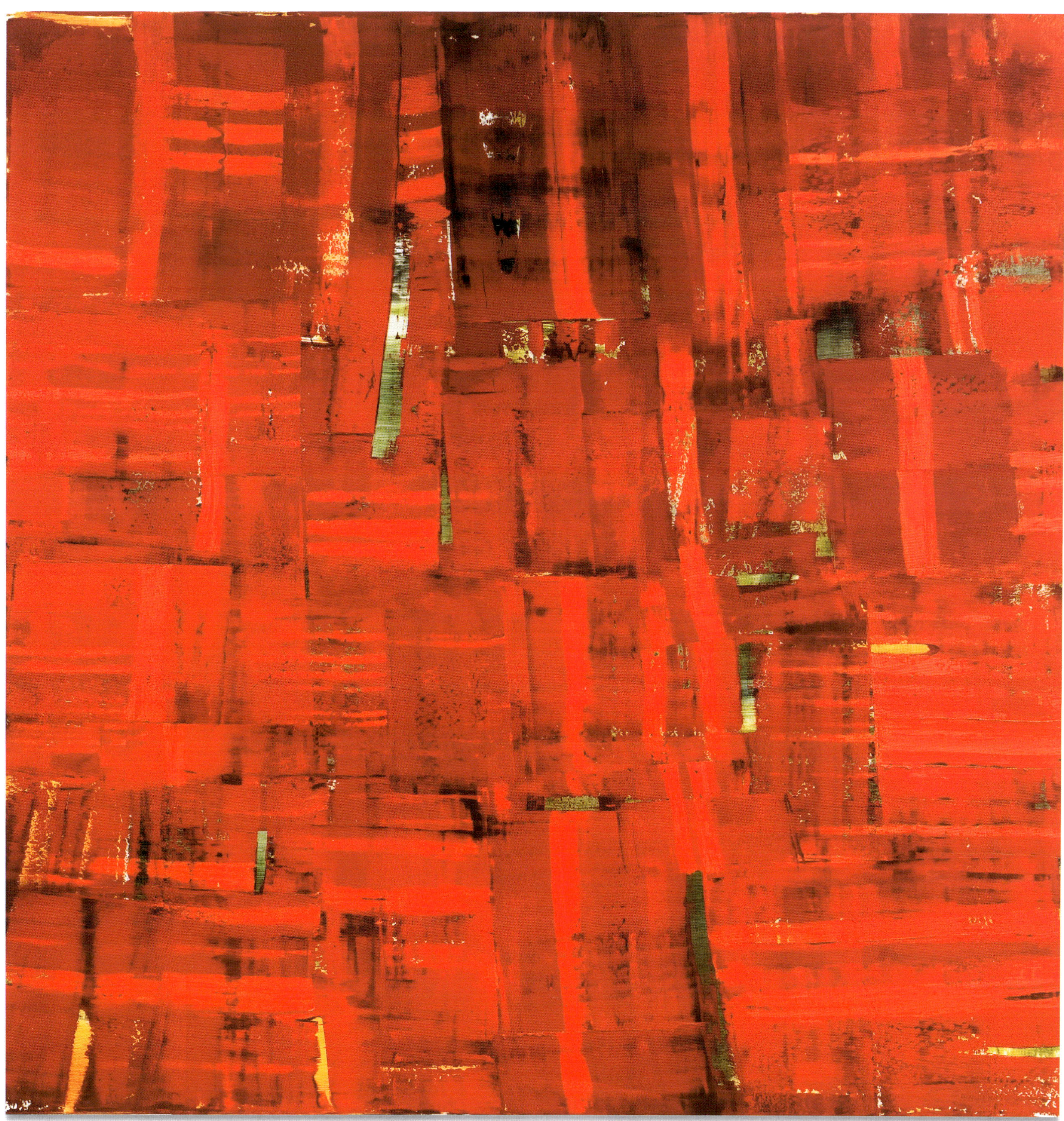

THE TOMB / LA TUMBA

—

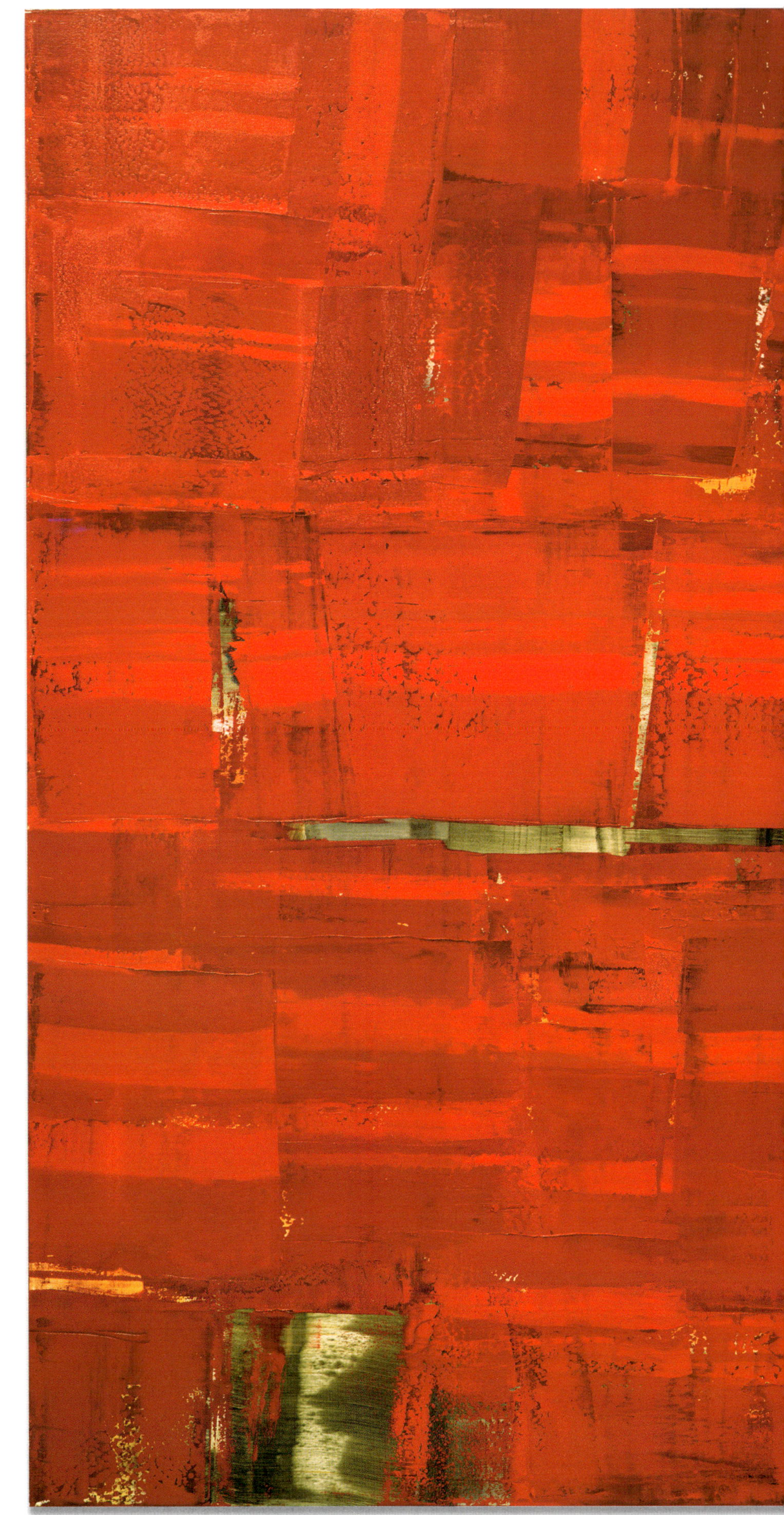

ROJO MALAQUITA 3 / RED MALACHITE 3, 2004
OIL ON LINEN 98.5 X 150 INCHES

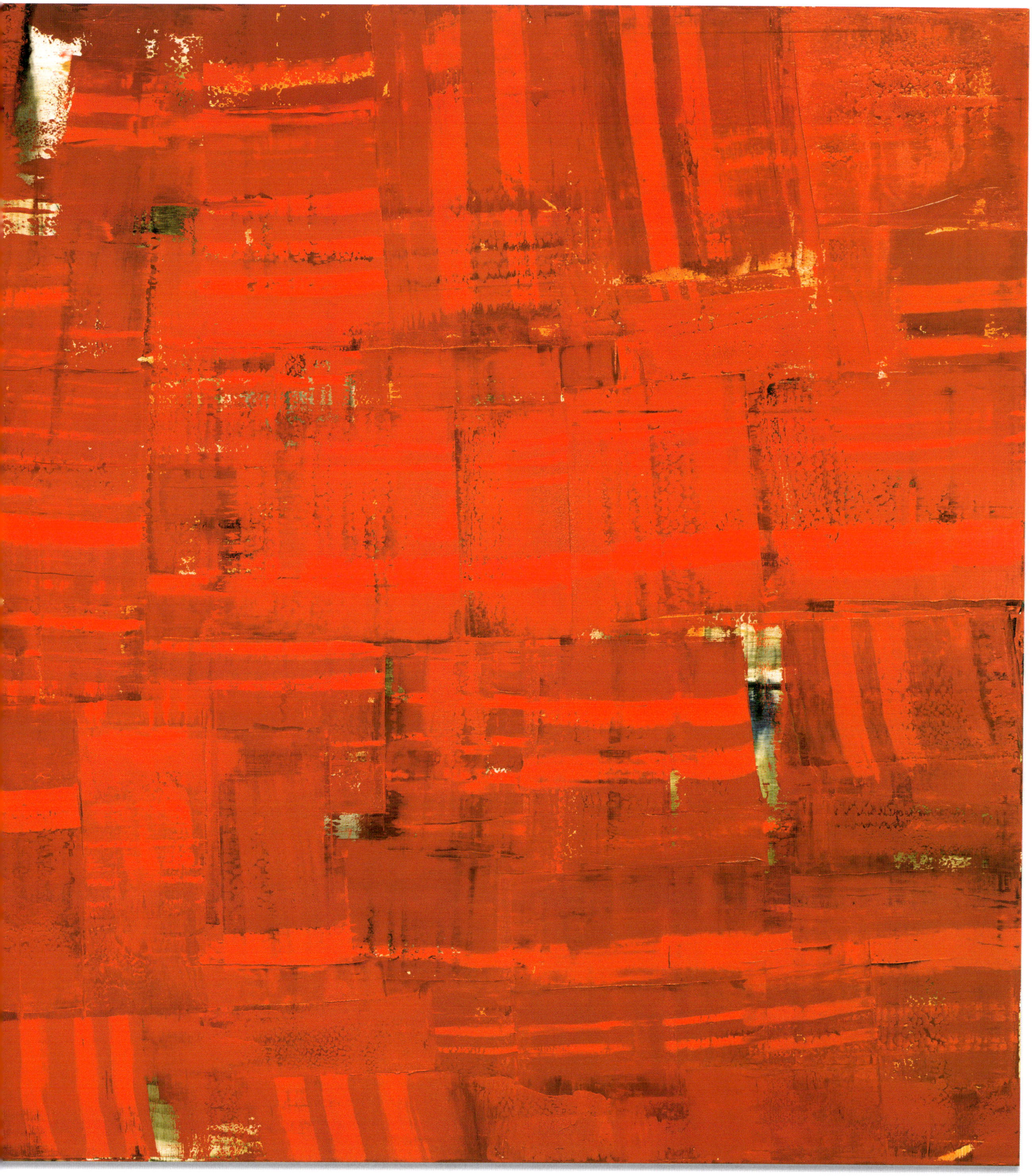

THE TOMB / LA TUMBA

ROJO MALAQUITA 4 / RED MALACHITE 4, 2004
OIL ON LINEN 66 X 78 INCHES

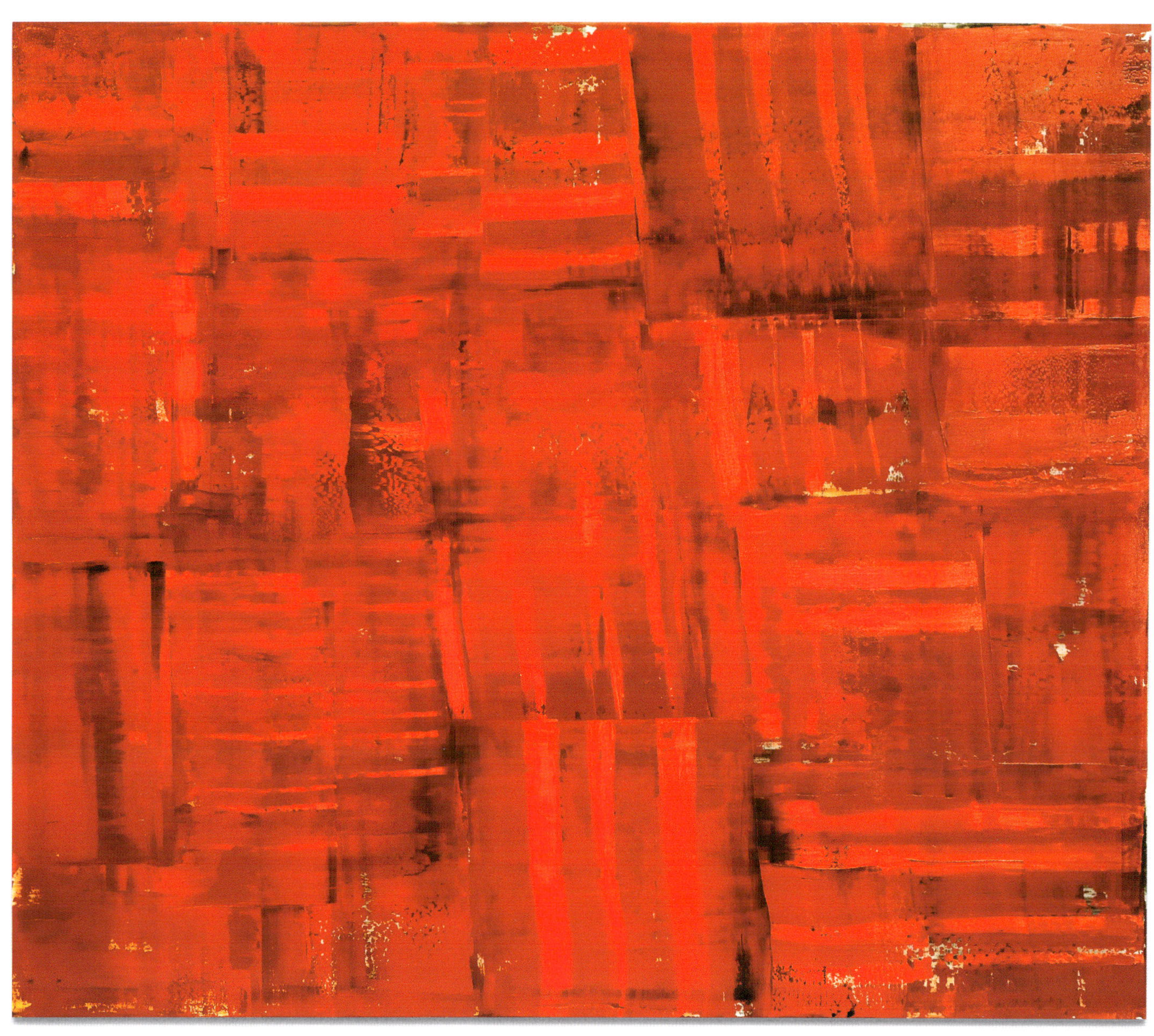

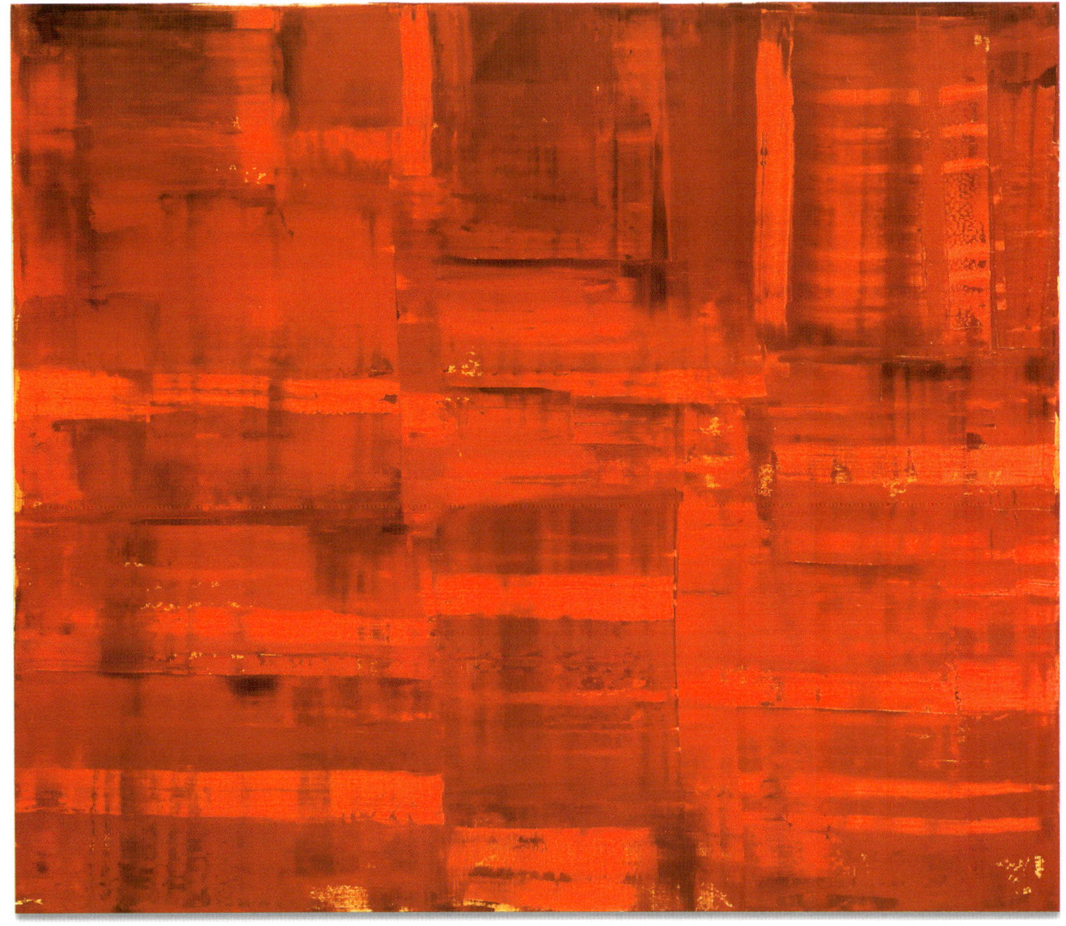

THE TOMB / LA TUMBA

ROJO MALAQUITA 5 / RED MALACHITE 5, 2004
OIL ON LINEN 54 X 64 INCHES

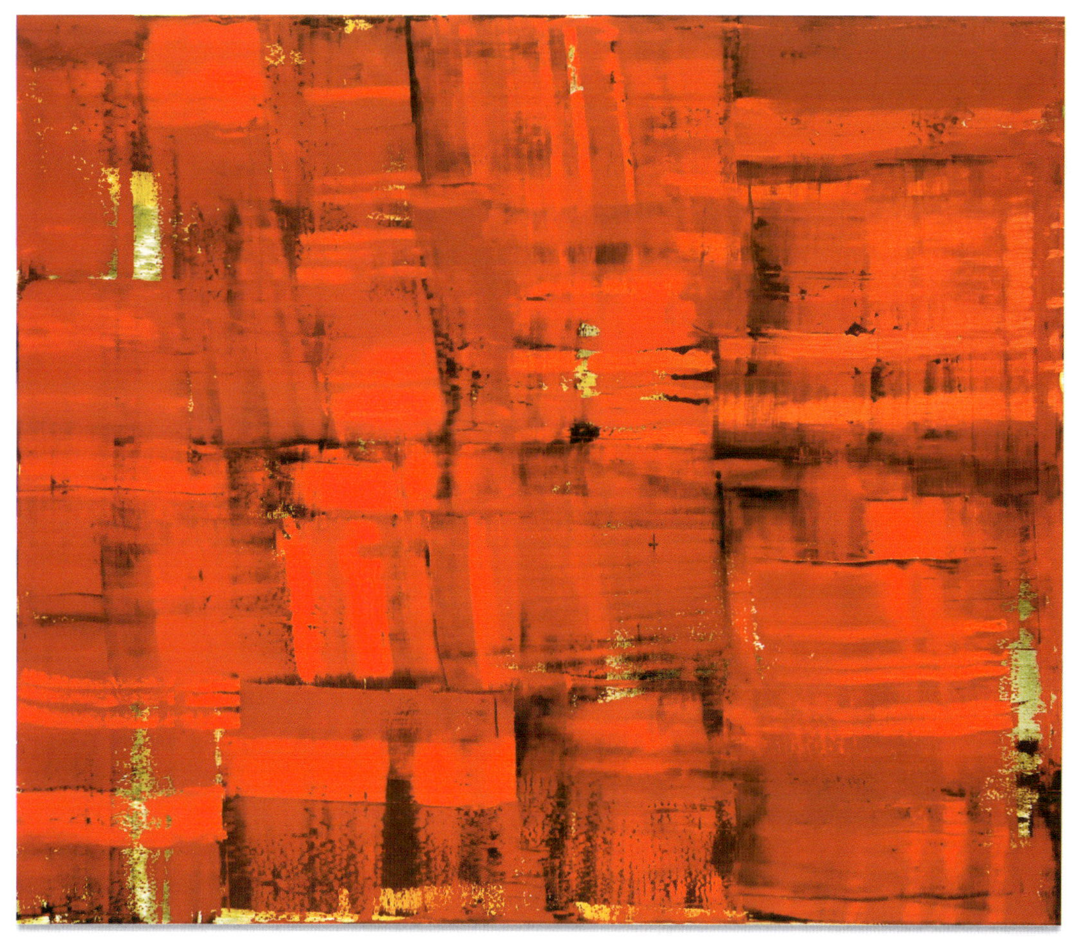

ROJO MALAQUITA 6 / RED MALACHITE 6, 2004
OIL ON LINEN   54 X 64 INCHES

THE JUNGLE / LA SELVA

NOCHE TRANSFORMADA I / NIGHT TRANSFORMED I, 2004
OIL ON LINEN 98.5 X 98.5 INCHES

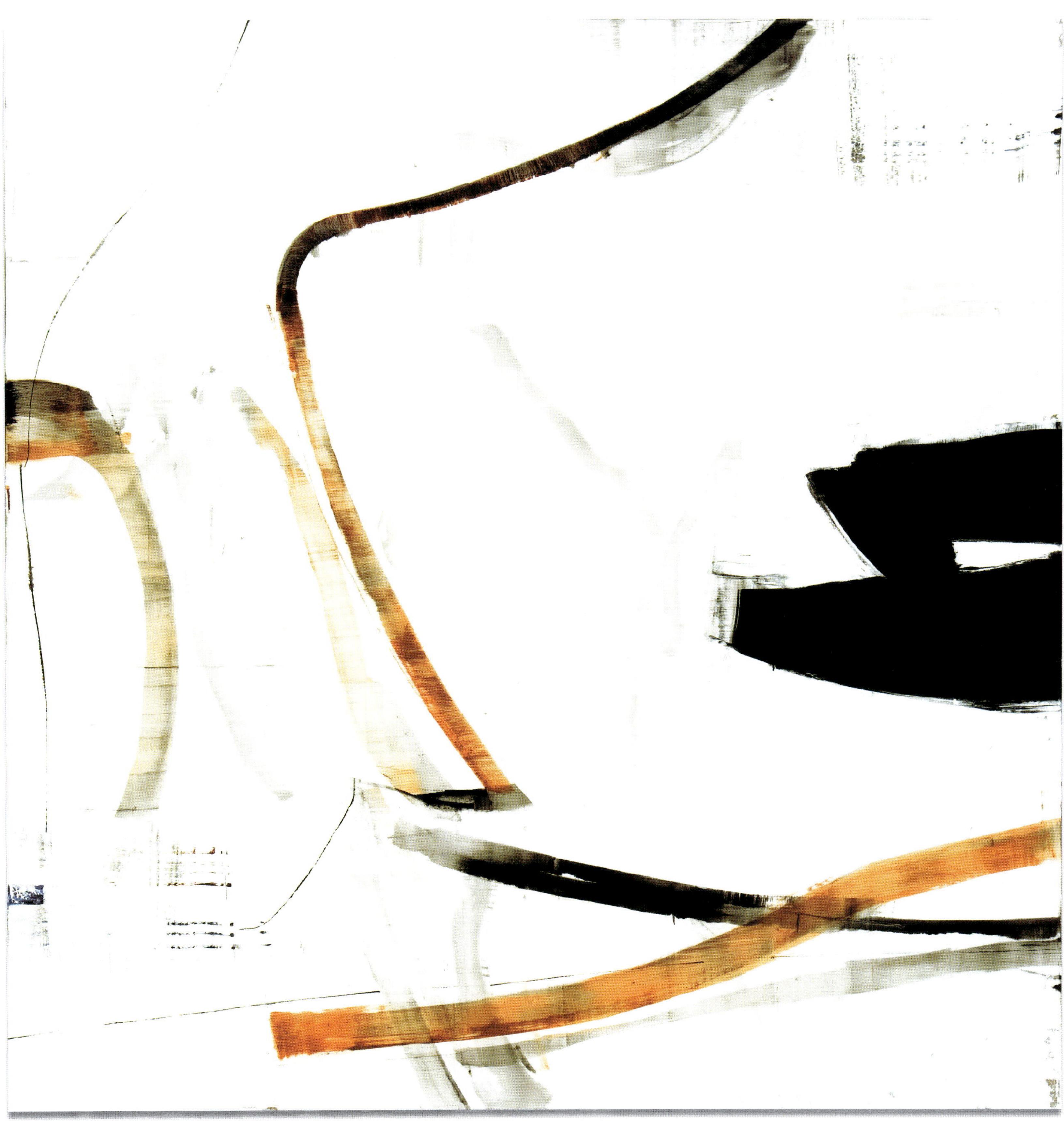

THE JUNGLE / LA SELVA

NOCHE TRANSFORMADA 2 / NIGHT TRANSFORMED 2, 2004

OIL ON LINEN   98.5 X 98.5 INCHES

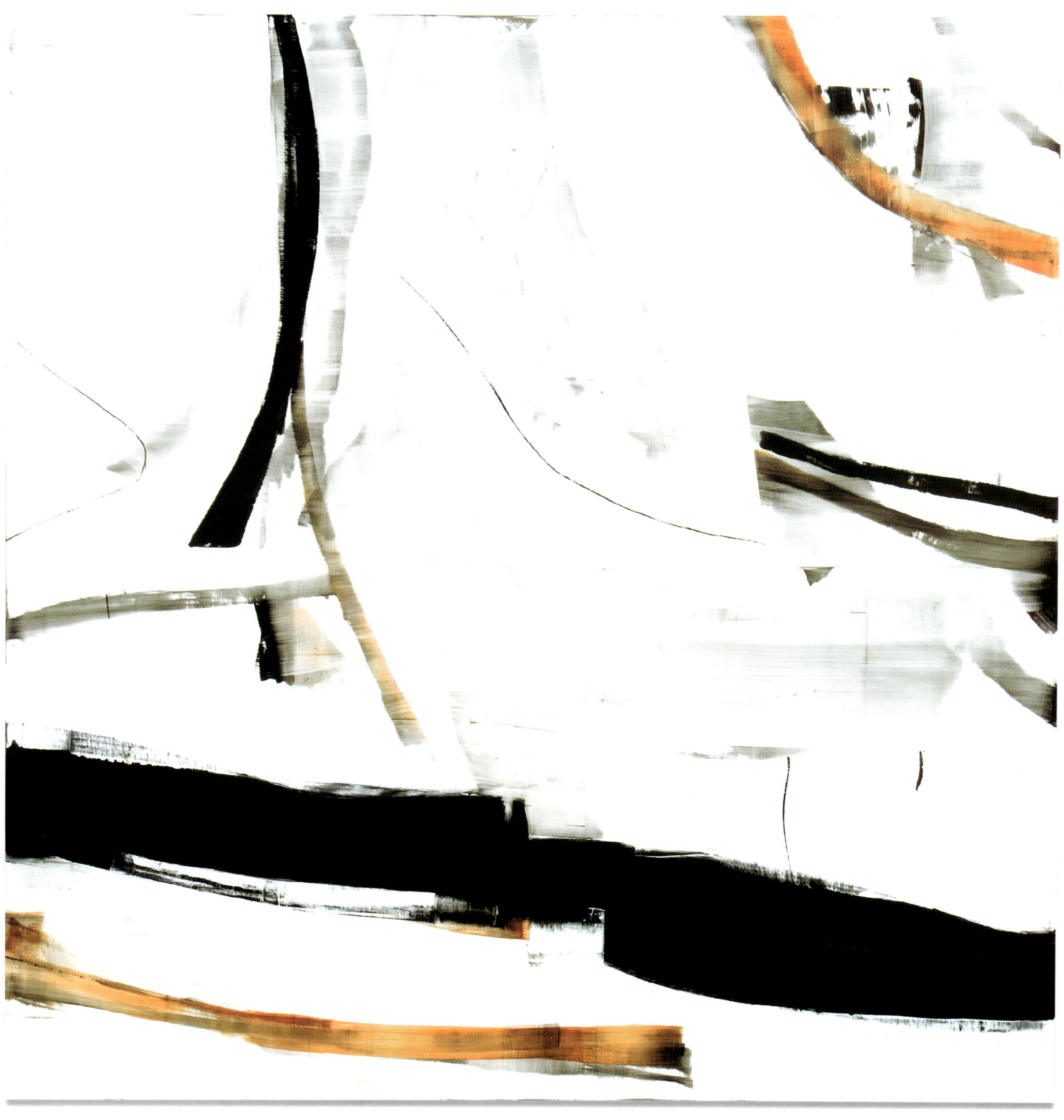

THE JUNGLE / LA SELVA

NOCHE TRANSFORMADA 3 / NIGHT TRANSFORMED 3, 2004
OIL ON LINEN 98.5 X 98.5 INCHES

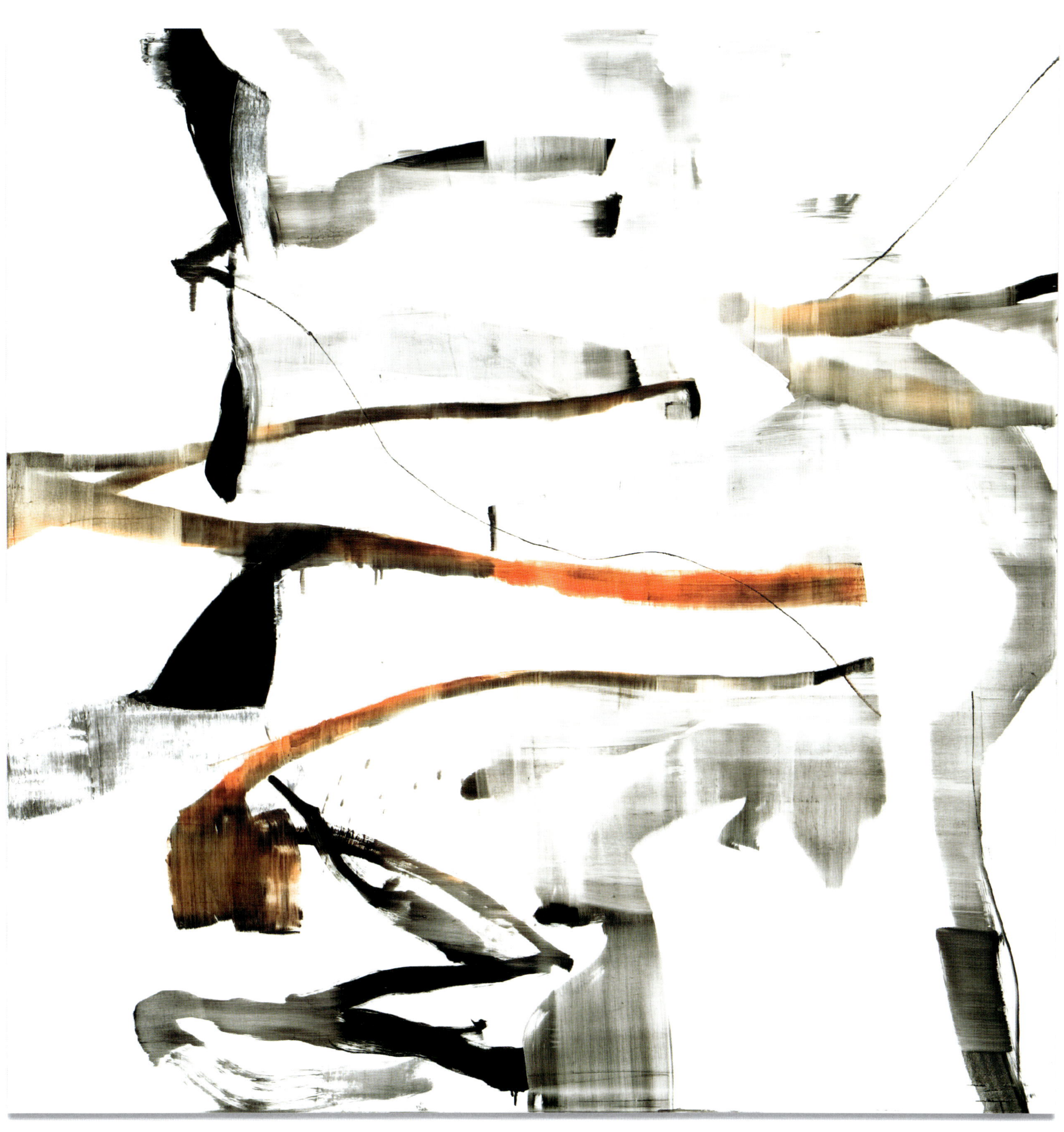

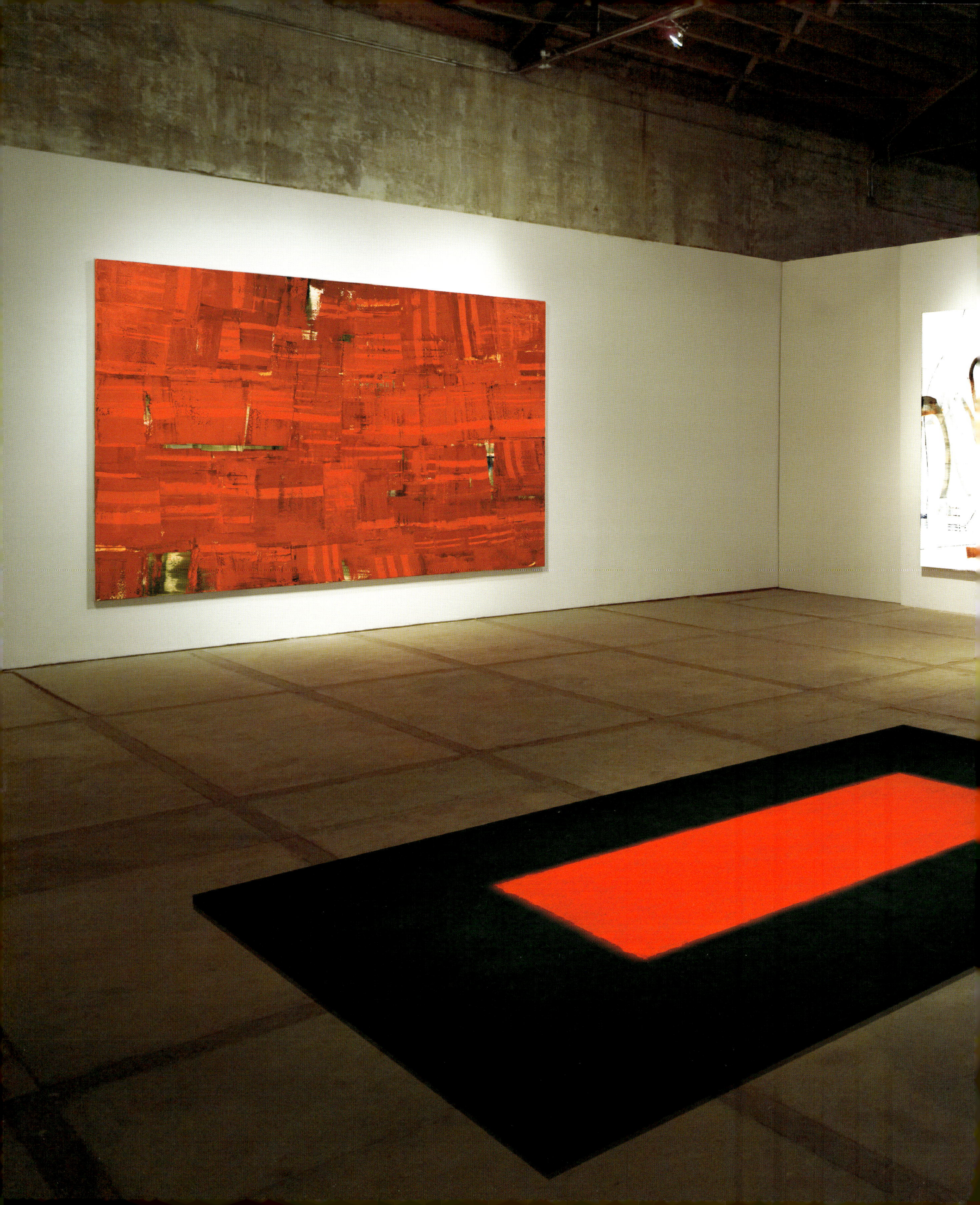

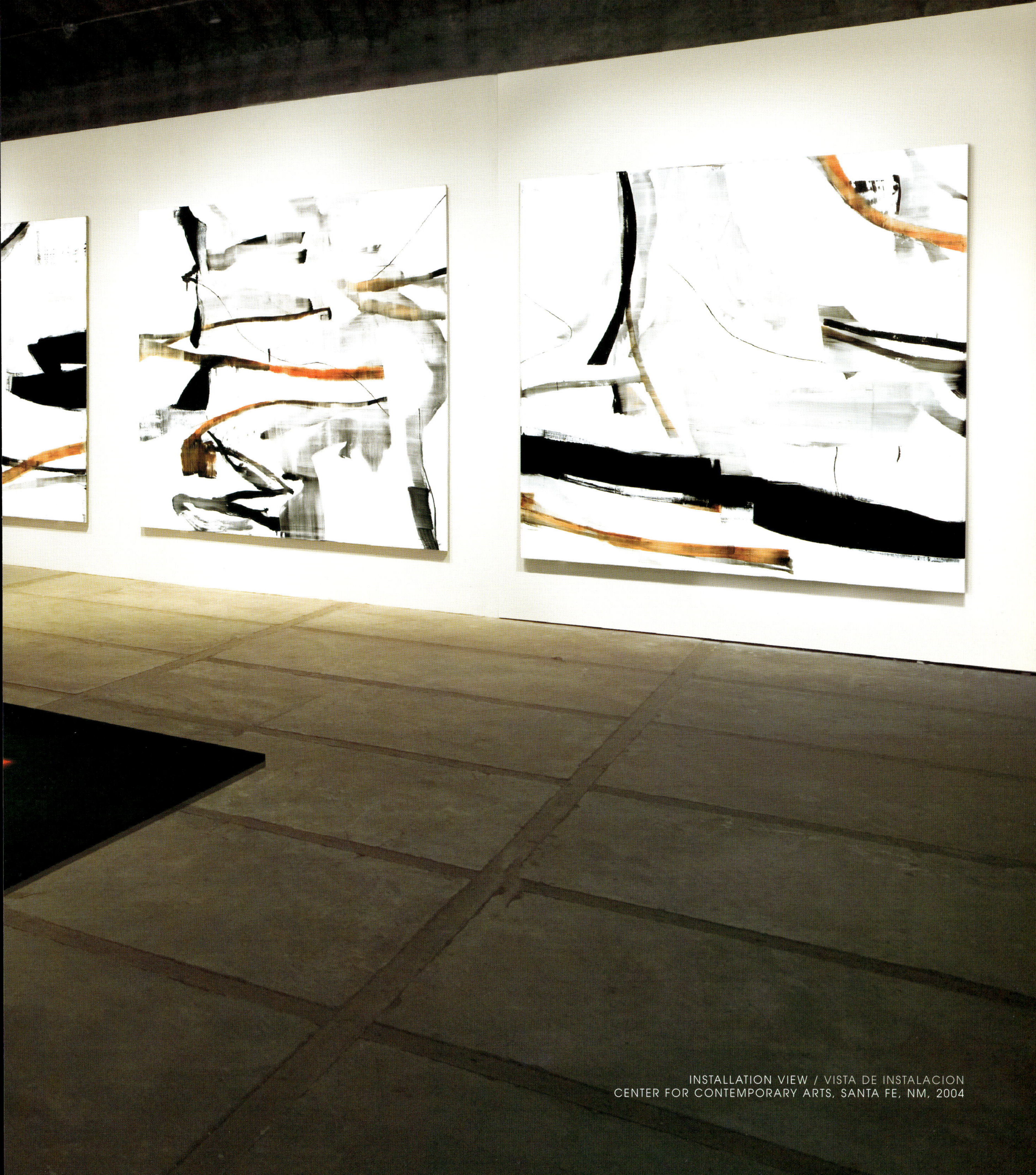

INSTALLATION VIEW / VISTA DE INSTALACION
CENTER FOR CONTEMPORARY ARTS, SANTA FE, NM, 2004

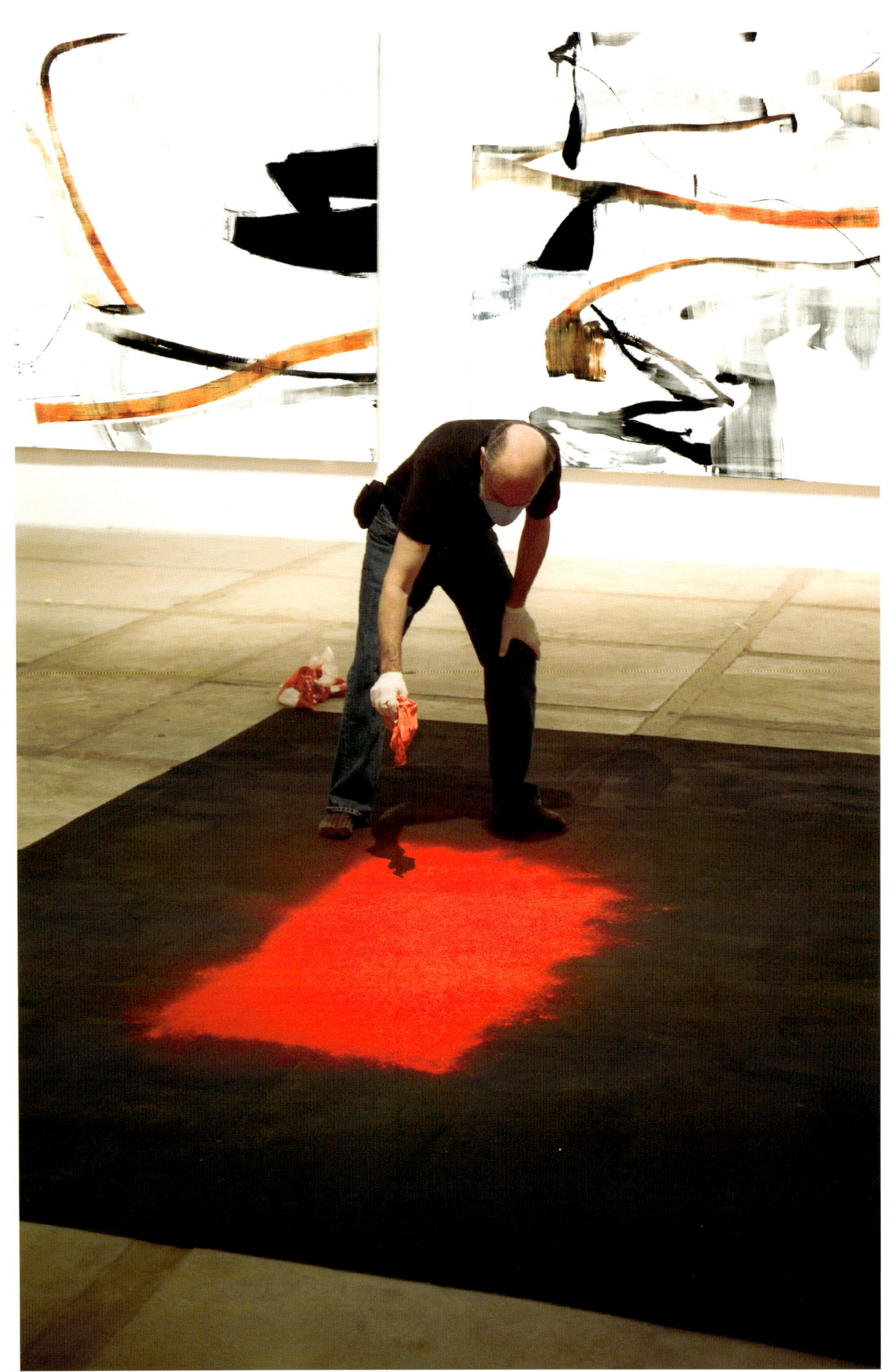

INSTALLATION / INSTALACION
RED OVER BLACK / ROJO SOBRE NEGRO

An essential aspect of the Red Queen project is an installation that stands at the center of the exhibition space, surrounded by the paintings, photographs, and monotypes. The installation is meant to physically evoke the Red Queen's tomb, and I felt I could do this using the artistic tools I know best, painting and drawing. The installation—a rectangular field of red pigment enframed by a larger charcoal black drawing—reflects the exact dimensions of the tomb chamber and the burial pit. As with the paintings, I'd like the viewer to gain a sense of the physical place, one that is endowed with enormous spiritual power.

Un aspecto esencial del proyecto de la Reina Roja es la instalación que está situada en el centro del espacio de exhibición, rodeada por las pinturas, las fotografías y los monotipos. Pretendo que la instalación evoque la tumba de la Reina Roja físicamente y decidí hacer esto utilizando las herramientas artísticas que conozco mejor, la pintura y el dibujo. La instalación —una superficie rectangular de pigmento rojo, enmarcado por un dibujo negro al carbón más grande— refleja las dimensiones exactas de la cámara mortuoria y el entierro. Al igual que con las pinturas, quiero que el espectador tenga la sensación física del lugar, que tiene un enorme poder espiritual.

INSTALLATION / INSTALACION

ROJO SOBRE NEGRO / RED OVER BLACK, 2004
RED PIGMENT OVER BLACK CHARCOAL POWDER AND ALKYD ON PAPER
98.5 X 150 INCHES

CHECKLIST / LISTA DE OBRA

All works are courtesy of the artist and Chiaroscuro Contemporary Art, unless otherwise stated.

Todas las obras son cortesia del artista y Chiaroscuro Contemporary Art, a menos que sea indicado de otra forma.

PHOTOGRAPHS / FOTOGRAFIAS

All photographs are in an edition of 10 with an artist's proof. Photography editions by Santa Fe Editions, Santa Fe, NM.

Todas las fotografias son edición de 10 mas una prueba de autor. Ediciones fotograficas por Santa Fe Editions, Santa Fe, NM.

SELVA I / JUNGLE I, 2004
Pigment ink print on paper
Image size: 31 x 31 inches (79 x 79 cm)
Paper size: 42 x 41.5 inches (107 x 105 cm)

TEMPLO I / TEMPLE I, 2004
Pigment ink print on paper
Image size: 31 x 31 inches (79 x 79 cm)
Paper size: 42 x 41.5 inches (107 x 105 cm)

PIEDRAS I / STONES I, 2004
Pigment ink print on paper
Image size: 31 x 31 inches (79 x 79 cm)
Paper size: 42 x 41.5 inches (107 x 105 cm)

MURO 2 / WALL 2, 2004
Pigment ink print on paper
Image size: 31 x 31 inches (79 x 79 cm)
Paper size: 42 x 41.5 inches (107 x 105 cm)

SELVA DE NOCHE I / JUNGLE AT NIGHT I, 2004
Pigment ink print on paper
Image size: 31 x 31 inches (79 x 79 cm)
Paper size: 42 x 41.5 inches (107 x 105 cm)

SELVA DE NOCHE 2 / JUNGLE AT NIGHT 2, 2004
Pigment ink print on paper
Image size: 31 x 31 inches (79 x 79 cm)
Paper size: 42 x 41.5 inches (107 x 105 cm)

SELVA DE NOCHE 3 / JUNGLE AT NIGHT 3, 2004
Pigment ink print on paper
Image size: 31 x 31 inches (79 x 79 cm)
Paper size: 42 x 41.5 inches (107 x 105 cm)

SELVA DE NOCHE 4 / JUNGLE AT NIGHT 4, 2004
Pigment ink print on paper
Image size: 31 x 31 inches (79 x 79 cm)
Paper size: 42 x 41.5 inches (107 x 105 cm)

SELVA 2 / JUNGLE 2, 2004
Pigment ink print on paper
Image size: 31 x 31 inches (79 x 79 cm)
Paper size: 42 x 41.5 inches (107 x 105 cm)

MURO I / WALL I, 2004
Pigment ink print on paper
Image size: 31 x 31 inches (79 x 79 cm)
Paper size: 42 x 41.5 inches (107 x 105 cm)

MONOTYPES / MONOTIPOS

All monotypes, private collection, Malibu, CA

Todos los monotipos son colección privada, Malibu, CA
.

THE JUNGLE / LA SELVA

KAN, 2004
Printing inks on Lanaquarelle paper
Image size: 17 x 17 inches (43 x 43 cm)
Paper size: 32 x 29 inches (81 x 76 cm)

HO, 2004
Printing inks on Lanaquarelle paper
Image size: 17 x 17 inches (43 x 43 cm)
Paper size: 32 x 29 inches (81 x 76 cm)

WAK, 2004
Printing inks on Lanaquarelle paper
Image size: 17 x 17 inches (43 x 43 cm)
Paper size: 32 x 29 inches (81 x 76 cm)

UUK, 2004
Printing inks on Lanaquarelle paper
Image size: 17 x 17 inches (43 x 43 cm)
Paper size: 32 x 29 inches (81 x 76 cm)

UAXAC, 2004
Printing inks on Lanaquarelle paper
Image size: 17 x 17 inches (43 x 43 cm)
Paper size: 32 x 29 inches (81 x 76 cm)

OX, 2004
Printing inks on Lanaquarelle paper
Image size: 17 x 17 inches (43 x 43 cm)
Paper size: 32 x 29 inches (81 x 76 cm)

BULUK, 2004
Printing inks on Lanaquarelle paper
Image size: 17 x 17 inches (43 x 43 cm)
Paper size: 32 x 29 inches (81 x 76 cm)

BOLON, 2004
Printing inks on Lanaquarelle paper
Image size: 17 x 17 inches (43 x 43 cm)
Paper size: 32 x 29 inches (81 x 76 cm)

LAHUN, 2004
Printing inks on Lanaquarelle paper
Image size: 17 x 17 inches (43 x 43 cm)
Paper size: 32 x 29 inches (81 x 76 cm)

MI, 2004
Printing inks on Lanaquarelle paper
Image size: 17 x 17 inches (43 x 43 cm)
Paper size: 32 x 29 inches (81 x 76 cm)

HUN, 2004
Printing inks on Lanaquarelle paper
Image size: 17 x 17 inches (43 x 43 cm)
Paper size: 32 x 29 inches (81 x 76 cm)

KA, 2004
Printing inks on Lanaquarelle paper
Image size: 17 x 17 inches (43 x 43 cm)
Paper size: 32 x 29 inches (81 x 76 cm)

MONOTYPES / MONOTIPOS

All monotypes, private collection, Malibu, CA

Todos los monotipos son colección privada, Malibu, CA.

THE RED TOMB / LA TUMBA ROJA

KAN, 2004
Printing inks on Lanaquarelle paper
Image size: 17 x 17 inches (43 x 43 cm)
Paper size: 32 x 29 inches (81 x 76 cm)

HO, 2004
Printing inks on Lanaquarelle paper
Image size: 17 x 17 inches (43 x 43 cm)
Paper size: 32 x 29 inches (81 x 76 cm)

WAK, 2004
Printing inks on Lanaquarelle paper
Image size: 17 x 17 inches (43 x 43 cm)
Paper size: 32 x 29 inches (81 x 76 cm)

UUK, 2004
Printing inks on Lanaquarelle paper
Image size: 17 x 17 inches (43 x 43 cm)
Paper size: 32 x 29 inches (81 x 76 cm)

UAXAC, 2004
Printing inks on Lanaquarelle paper
Image size: 17 x 17 inches (43 x 43 cm)
Paper size: 32 x 29 inches (81 x 76 cm)

OX, 2004
Printing inks on Lanaquarelle paper
Image size: 17 x 17 inches (43 x 43 cm)
Paper size: 32 x 29 inches (81 x 76 cm)

BULUK, 2004
Printing inks on Lanaquarelle paper
Image size: 17 x 17 inches (43 x 43 cm)
Paper size: 32 x 29 inches (81 x 76 cm)

BOLON, 2004
Printing inks on Lanaquarelle paper
Image size: 17 x 17 inches (43 x 43 cm)
Paper size: 32 x 29 inches (81 x 76 cm)

LAHUN, 2004
Printing inks on Lanaquarelle paper
Image size: 17 x 17 inches (43 x 43 cm)
Paper size: 32 x 29 inches (81 x 76 cm)

MI, 2004
Printing inks on Lanaquarelle paper
Image size: 17 x 17 inches (43 x 43 cm)
Paper size: 32 x 29 inches (81 x 76 cm)

HUN, 2004
Printing inks on Lanaquarelle paper
Image size: 17 x 17 inches (43 x 43 cm)
Paper size: 32 x 29 inches (81 x 76 cm)

KA, 2004
Printing inks on Lanaquarelle paper
Image size: 17 x 17 inches (43 x 43 cm)
Paper size: 32 x 29 inches (81 x 76 cm)

PAINTINGS / PINTURAS

AH K'U NA I, 2004
Oil on linen, 96 x 130 inches (244 x 330 cm)
Private Collection

AH K'U NA 2, 2004
Oil on linen, 98.5 x 150 inches (250 x 381 cm)

ROJO MALAQUITA I / RED MALACHITE I, 2004
Oil on linen, 98.5 x 98.5 inches (250 x 250 cm)

ROJO MALAQUITA 2 / RED MALACHITE 2, 2004
Oil on linen, 98.5 x 98.5 inches (250 x 250 cm)

ROJO MALAQUITA 3 / RED MALACHITE 3, 2004
Oil on linen, 98.5 x 150 inches (250 x 381 cm)

ROJO MALAQUITA 4 / RED MALACHITE 4, 2004
Oil on linen, 66 x 78 inches (167.5 x 198 cm)
Marvin J. Wilkinson and Arthur B. Ellsworth Collection

ROJO MALAQUITA 5 / RED MALACHITE 5, 2004
Oil on linen, 54 x 64 inches (137 x 162.5 cm)

ROJO MALAQUITA 6 / RED MALACHITE 6, 2004
Oil on linen, 54 x 64 inches (137 x 162.5 cm)

NOCHE TRANSFORMADA I
NIGHT TRANSFORMED I, 2004
Oil on linen
98.5 x 98.5 inches (250 x 250 cm)

NOCHE TRANSFORMADA 2
NIGHT TRANSFORMED 2, 2004
Oil on linen
98.5 x 98.5 inches (250 x 250 cm)

NOCHE TRANSFORMADA 3
NIGHT TRANSFORMED 3, 2004
Oil on linen
98.5 x 98.5 inches (250 x 250 cm)

INSTALLATION / INSTALACION

ROJO SOBRE NEGRO / RED OVER BLACK
Red pigment over charcoal powder
and Alkyd on paper
98.5 x 150 inches (250 x 381 cm)

BIOGRAPHY / BIOGRAFIA

Born in Mexico, 1950
Based in Barcelona, Spain, 1985–1991
Currently lives and works in New York and Santa Fe, New Mexico

Nacido en México, 1950
Vivió en Barcelona, España, 1985–1991
Actualmente vive y trabaja en Nueva York y Santa Fe, Nuevo México

INDIVIDUAL EXHIBITIONS
EXPOSICIONES INDIVIDUALES

2004
Ricardo Mazal, La Tumba de la Reina Roja: From Reality to Abstraction, Museo Nacional de Antropología, Mexico City (Catalog)

Ricardo Mazal, La Tumba de la Reina Roja, Center for Contemporary Arts, Santa Fe, NM

Ricardo Mazal, Paintings and Monotypes from the series *La Tumba de la Reina Roja*, Chiaroscuro Contemporary Art, Santa Fe, NM

Ricardo Mazal, Obra Reciente, Mas Art Moderno y Contemporáneo, Barcelona

Anne Reed Gallery, Ketchum, ID

Robert Kidd Gallery, Birmingham, MI

2003
Ricardo Mazal, New Paintings, Elins Eagles-Smith Gallery, San Francisco, CA

Chiaroscuro Contemporary Art, Scottsdale, AZ

Ricardo Mazal, New Monotypes, Aurobora Press, San Francisco, CA

2002
Ricardo Mazal, Paintings from The Center for Contemporary Arts, Galería Ramis Barquet, Monterrey, NL, Mexico

Ricardo Mazal, New Paintings and Monotypes, Ricardo Mazal and Gary Mankus, Collaborative Photography, Chiaroscuro Contemporary Art, Santa Fe, NM

New Paintings by Ricardo Mazal, The Center for Contemporary Arts, Santa Fe, NM (Catalog)

Ricardo Mazal, Abril 15, New Paintings and Works on Paper, Galería Ramis Barquet, New York, NY (Catalog)

2001
Ricardo Mazal, Galerie 89, Aarwangen, Switzerland

Ricardo Mazal, New Paintings, Photographs and Drawings, Rule Gallery, Denver, CO

Ricardo Mazal, Pintura, Fotografía, Dibujo, Galería de Arte Mexicano, Mexico City, (Catalog)

New Monotypes, Aurobora Press, San Francisco, CA

2000
Ricardo Mazal, Obras,1991–2000, Museo de Arte Contemporáneo de Monterrey (MARCO), Monterrey, NL (Catalog)

Recent Paintings, Galería Ramis Barquet, Monterrey, NL

Bentley Gallery, Scottsdale, AZ

Robert Kidd Gallery, Birmingham, MI

1999
Rule Modern and Contemporary Gallery, Denver, CO

Erickson & Elins/Fine Art, San Francisco, CA

New Monotypes, Aurobora Press, San Francisco, CA

Ricardo Mazal, The E-Series, Galería Ramis Barquet, New York, NY (Catalog)

Bentley Gallery, Scottsdale, AZ

1998
Ricardo Mazal, The Yellow Circle & Eve, Galería Maeght, Barcelona

1997
Bentley Gallery, Scottsdale, AZ

Ricardo Mazal, The Yellow Circle, Rule Modern and Contemporary Gallery, Denver, CO

Michael Dunev Gallery, San Francisco, CA

Vail-Giesler Contemporary Art, Des Moines, IA

1996
Ricardo Mazal, Página 44, Pintura y Fotografía, Galería Ramis Barquet, Monterrey, NL, (Catalog)

1994
Ricardo Mazal, Los Cardinales, Galería Maeght, Barcelona (Catalog)

SELECTED GROUP EXHIBITIONS

EXPOSICIONES COLECTIVAS (SELECCION)

1992
Ricardo Mazal, Pinturas, Dibujos, Grabados, Galería de Arte Mexicano, Mexico City, (Catalog)

1990
Scott Alan Gallery, New York, NY

Ricardo Mazal, Pinturas, Galería de Arte Mexicano, Mexico City (Catalog)

Ricardo Mazal, Pinturas, Galería Arte Actual Mexicano, Monterrey, NL (Catalog)

1989
Ricardo Mazal, Scott Alan Gallery, New York, NY (Catalog)

1988
Huellas del Tiempo, Ricardo Mazal, Galería de Arte Mexicano, Mexico City (Catalog)

Huellas del Tiempo, Ricardo Mazal, Galería Arte Actual Mexicano, Monterrey, NL, (Catalog)

Galería Nomen, Barcelona

Galería Carl Van Der Voort, Ibiza, Spain

2004
Ray Smith, Fernanda Brunet, Sylvia Fernandez, Ricardo Mazal y Victor Rodríguez, Galería Lucía de la Puente, Lima, Peru

2003
Paper, Galería Ramis Barquet, New York, NY

11/11: Eleven Painters, Eleven Views of Abstraction, Chiaroscuro Contemporary Art, Santa Fe, NM

Abstract Art, New Mexico Artist Series, Anderson Contemporary Art, Santa Fe, NM

Siglo XX: Grandes Maestros Mexicanos (The Twentieth Century: Great Mexican Masters), Museo de Arte Contemporáneo de Monterrey (MARCO), Monterrey, NL

Paint Junkies, Michael Martin Galleries, San Francisco, CA

Robert Kelly and Ricardo Mazal, Mano a Mano, Lendrum Fine Arts, Los Angeles, CA

2002
Arte de América Latina, (Art from Latin America) Galería Lucía de la Puente, Lima, Peru

Wrapped, Evo Gallery, Santa Fe, NM

Beau Geste: Abstract Paintings in Torroella di Montgrí, Michael Dunev Art Projects, Torroella de Montgrí, Girona, Spain

Group Show, Robert Kidd Gallery, Birmingham, MI

2001
Tendencias, Museo de Arte Moderno, Mexico City

Between the Lines, Bushlen-Mowatt Gallery, Palm Desert, CA

Between Worlds: Jewish Artists of Latin America, Mizel Arts Center, Denver, CO

FOUR: Selected Works by Lynda Karshan/ Ricardo Mazal/ Rex Ray/ Sophie Smallhorn, Michael Martin Galleries, San Francisco, CA

Abstracciones, Traveling exhibition in Mexico organized by the Mexican Ministry of Culture

2000
Mexico / New York: A Vital Dialogue, The Mexican Cultural Institute, New York, NY (Catalog)

Paisaje Urbano, Galería Enrique Guerrero, Mexico City

1999
Inapropiadamente Dibujo, Museo de Arte Carrillo Gil, Mexico City

Today and Everyday, Galería Ramis Barquet, New York, NY

The Conscious Line, Anne Reed Gallery, Ketchum, ID

Introductions & Dialogue, Michael Martin Galleries, San Francisco, CA

1998
4th Salon de Arte Bancomer, Mexico City

Limn Gallery, San Francisco, CA

1997
Laura Anderson Barbata, Linda Matalon, Ricardo Mazal: Embodied Abstraction, Americas Society Art Gallery, New York, NY (Catalog)

Painting Group Exhibition, Megan Fox Gallery, Santa Fe, NM

Drawings and Photographs, Megan Fox Gallery, Santa Fe, NM

3er Premio MARCO (Third MARCO Prize exhibition), Museo de Arte Contemporáneo de Monterrey, NL (Catalog)

Red, Rule Modern and Contemporary Gallery, Denver, CO

1996
Modern Miniatures: The Redefining of the Small, Brewster Gallery, New York, NY (Catalog)

Collective: Paintings on Cloth and Paper, Ricardo Mazal, Bob Nugent, Gustavo Ramos Rivera, Michael Dunev Gallery, San Francisco, CA

Premio MARCO 1996 (MARCO Prize exhibition), Museo de Arte Contemporáneo de Monterrey, NL (Catalog)

Red, Rule Modern and Contemporary Gallery, Denver, CO

1995
Premio MARCO 1995 (MARCO Prize exhibition), Museo de Arte Contemporáneo de Monterrey, NL (Catalog)

Le Noir est un Coleur, Galería Maeght, Barcelona

1994
Pinturerías: el Arte del Arte Taurino, Museo del Palacio de Bellas Artes, Mexico, City; traveling exhibition in Mexico, Spain, and the United States (Catalog)

1993
The Inaugural Show, The Painting Center, New York, NY

1992
Abstractus, Scott Alan Gallery, New York, NY

1991
En el Umbral del Siglo XXI, Galería Maeght, Barcelona (Catalog)

Galería Carl Van Der Voort, Ibiza, Spain

1990
Parallel Project: New Moments in Mexican Painting, New York, NY

1989
Pintura Mexicana de Hoy, Tradición e Inovación, Centro Cultural Alfa and Galería Arte Actual Mexicano, Monterrey, NL (Catalog)

1988
Galería Nomen, Barcelona

Galería Carl Van Der Voort, Ibiza, Spain

1987
Galería Angel Romero, Madrid

Tom Maddock Gallery, Barcelona

AWARDS / PREMIOS

2002
Creador Artístico, Sistema Nacional de Creadores de Arte (FONCA) 2002, Mexico

1999
Creador Artístico, Sistema Nacional de Creadores de Arte (FONCA) 1999, Mexico

1991
Pollock-Krasner Foundation, New York

BIBLIOGRAPHY
BIBLIOGRAFIA

Agosín, Marjorie, *Entremundos: Jewish Artists of Latin America*, exh. cat., Mizel Arts Center, Denver, CO, 2001.

Armendáriz, Esperanza, "Un viaje al fondo del arte," *Diario de Monterrey* (Monterrey), April 14, 2000, p.35.

Ahrenholtz, Carsten, "Pictures after the Big Bang," in *Ricardo Mazal. Pintura y Fotografía*, exh. cat., Galería Ramis Barquet, Garza García, N.L., 1996.

Ashman, Stuart, "Abril 15, The Paintings, Drawings and Monotypes of Ricardo Mazal," in *Abril 15, New Paintings and Works on Paper*, exh. cat., Galería Ramis Barquet, New York, 2002.

—, "Transformative Moments," in *Ricardo Mazal*, exh. cat., Center for Contemporary Arts, Santa Fe, New Mexico, 2002.

Ashman, Stuart, *Abstract Art, New Mexico Artist Series*, Fresco Fine Art Publications, Albuquerque, 2004, pp. 212–217.

Borras, María Luisa, "Justo en la frontera de la figuración," in *Ricardo Mazal*, exh. cat., Scott Alan Gallery, New York, 1989.

Bufill, Juan, "Pintura Encarnada," *La Vanguardia* (Barcelona), April 23, 1998.

—, "De la Pintura de Campano al Espacio dibujado de Casañe," *La Vanguardia*, (Barcelona), March 20, 2004.

Carver, Jon, "Art Santa Fe, The Color of International Art," *Art Santa Fe*, Summer 2001, p. 22.

—, "Ricardo Mazal: Abril 15," *THE Magazine* (Santa Fe, NM), November, 2002, p. 38.

—, "Ricardo Mazal, La Tumba de la Reina Roja," *THE Magazine* (Santa Fe, NM), September, 2004, p. 49.

Casado, Luis, "Remontando el vuelo," *El País* (Madrid), June 15, 1991. C.O., "Una tasca de més de quaranta anys. El reconeixement i l'aposta a la Galeria Maeght," *AVUI* (Barcelona), June 26, 1991.

Del Valle, Mario, "Ricardo Mazal," *Cuarta Pared* (Mexico), October-December 2004.

Davidoff Misrachi, Alberto, untitled essay in *Huellas del Tiempo, Ricardo Mazal*, exh. cat., Galería de Arte Mexicano, Mexico City, and Galería Arte Actual Mexicano, Garza García, N.L., 1988.

Emerich, Luis Carlos. "Un final como principio," in *Premio MARCO 1996*, exh. cat., Museo de Arte Contemporáneo de Monterrey, Monterrey, N.L., 1996.

Estevez, Isidre, "Entrevista: Ricardo Mazal," *Diari de Barcelona*, June 6, 1991.

Fernández, Vanesa, "Materia Gris," *El Diario de Monterrey* (Mexico), May 4, 2000.

—, "Materia Gris / Estratos en la abstracción de ver una pintura (parte II)," *El Diario de Monterrey* (Mexico), May 12, 2000.

Ferrer, Elizabeth, "Como un lenguaje," in *Ricardo Mazal. Obras 1991–2000*, exh. cat., Museo de Arte Contemporáneo de Monterrey, Monterrey, N.L., April 2000, pp. 27–34.

—, "El canto de la tierra: Nuevas Pinturas de Ricardo Mazal," in *Ricardo Mazal, Pinturas, Dibujos, Grabados*, exh. cat., Galería de Arte Mexicano, Mexico City, 1992.

—, "Ricardo Mazal," *Art Nexus*, May, 1991, p. 115–116.

Garza, José, "Instituciones y emociones, bases de mi pintura: Mazal," *La Jornada* (Mexico City), May 2, 2000.

Guasch, Ana, "Recuperar y promocionar: els nous lemes de la Galería Maeght," *Diari de Barcelona* (Barcelona), May 30, 1991.

Heartney, Eleanor, "Embodied Abstraction at the Americas Society," *Art in America* 85, no. 10, October 1997, pp.124–125.

Holubizky, Ihor, "Quién teme al amarillo... y al rojo?," in *Ricardo Mazal. The Yellow Circle & Eve*, exh. cat., Galería Maeght, Barcelona, 1998, pp. 2–3.

Juncosa, Enrique, "Una pintura singular y fronteriza," *El País* (Madrid), April 18, 1998.

—, "Los puntos cardinals," *El País* (Madrid), April 11, 1994.

Katzew, Ilona, "Confabulando el espacio," in *Ricardo Mazal, Pintura, Fotografía, Dibujo*, exh. cat., Galería de Arte Mexicano, Mexico City, 2001, pp. 5–6.

Kartofel, Graciela, "Ricardo Mazal: Maeght Gallery," *Art Nexus*, July-September 1994, p.160.

Kirking, Clayton, *Mexico/New York: A Vital Dialogue*, exh. cat., The Mexican Cultural Institute, New York, 2000.

Lama, Luis, "Retrofuturo," *Caretas* (Lima, Peru), July 8, 2004, p. 86.

Moncada, Adriana. "La pintura es una ilusión: Mazal," *unomásuno* (Mexico), June 14, 1992.

Muñiz, Erick, "La pintura mexicana es mas que indígenas y alcatraces," *Diario de Monterrey* (Monterrey, N.L.), June 3, 2000.

Muñoz, José, "En el umbral del siglo XXI...II," in *En El Umbral del Siglo XXI. Ricardo Mazal, Carles Gabarró, Juan D. Miguel*, exh. cat., Galería Maeght, Barcelona, 1991.

Navarrete, Sylvia, "La joven pintura mexicana en los albores de la globalización," in *Siglo XX. Grandes Maestros Mexicanos, Tomo II*, exh. cat., Museo de Arte Contemporáneo de Monterrey, Monterrey, N.L., 2003.

Oropeza, Edith, "Ricardo Mazal. Década Abstracta," *Harper's Bazaar* (Mexico), April, 2000, pp. 114–116.

Ramos Martha, "Ricardo Mazal," *El Milenio* (Monterrey), December, 6, 2002.

Rubinstein, Raphael, "Ricardo Mazal: El mapa interior de la pintura," in *Ricardo Mazal*, exh. cat., Galería Maeght, Barcelona, 1994.

—, "Report from Mexico," *Art in America*, May 1994, p.39.

Ruy, Sánchez, Alberto, "El arte de hacer una cosa viva," in *Ricardo Mazal*, exh. cat., Galería de Arte Mexicano, Mexico City, 1991.

Sheridan, Guillermo, "Mazal: Sólo esta luz," in *Ricardo Mazal: Pinturas*, exh. cat., Galería de Arte Mexicano, Mexico City, and Galería Arte Actual Mexicano, Garza García, 1990.

—, "Ricardo Mazal," in Jaime Riestra and Patricia Ortíz Monasterio, eds., *Nuevos momentos del arte mexicano / New Moments in Mexican Art*, exh. cat., Parallel Project, New York, 1990.

Sullivan, Edward J. "Ricardo Mazal and the Vocabulary of Abstraction," in *Ricardo Mazal. The E-Series*, exh. cat., Galería Ramis Barquet, New York, 1999, pp. 4–5.

—, *Pintura Mexicana de Hoy*, exh. cat., Centro Cultural Alfa and Galería Arte Actual Mexicano, Monterrey, N. L., 1989.

—, "MARCO en la encrucijada: El incio de la colección permanente," in *Premio MARCO*, exh. cat., Museo de Arte Contemporáneo de Monterrey, Monterrey, N.L., 1995.

Tostado, Conrado, "Ricardo Mazal," *Vuelta* (Mexico), August, 1992, p. 63.

—, "Judios y Rusos," *Vuelta* (Mexico), January, 1992, p. 66.

Wario, Bertha, "Invita a observar con las emociones," *El Norte* (Monterrey), April 23, 2000.

—, "Hace suya libertades del arte abstracto," *El Norte* (Monterrey), June 2, 2000, p. 2D.

—, "Imprime en lienzos crónica emocional," *El Norte* (Monterrey), December 2, 2002.

Wolin, Joseph R., "Painting (Not) Photography," in *TRANSlinear*, exh. cat., McMaster Museum of Art, Hamilton, Ontario, Canada, September, 1999.

—, "Mazal's Doubt," in *Ricardo Mazal*, exh. cat., Galería Ramis Barquet, Garza García, N.L., Mexico, 1996.

—, *Laura Anderson Barbata, Linda Matalon, Ricardo Mazal. Embodied Abstraction,* exh. cat., Americas Society Art Gallery, New York, 1997.

ACKNOWLEDGMENTS
AGRADECIMIENTOS

Ricardo Mazal expresses his deepest thanks to these individuals for their important contributions to this project:

Ricardo Mazal desea expresar su más profundo agradecimiento a las siguientes personas por su importante contribución a este proyecto:

Laura Anderson Barbata

Stuart Ashman, Secretary of Cultural Affairs, State of New Mexico

Kathy Caraccio

Jane Egan, William Lykins, Covington Jordan, Lynda Foshie and Stacy Barr Chiaroscuro Contemporary Art

Angel de la Cruz

Manuel Felguérez

Elizabeth Ferrer

José Antonio Ferrer

Kay Fowler and Nancy Stem, Fresco Fine Art Publications, Albuquerque, New Mexico

Ursula and Stephen Gebert

Arnoldo González Cruz

Fabiola González

Luis and Susi González

Paul Hultin

Chris Jonas

Perla Krauze

Gary Mankus, Santa Fe Editions

Mónica Mayer

Betsabe Romero

Molly Sturges

The artist would also like to thank the assistance and support of the following Mexican cultural institutions.

El artista también agradece la ayuda y apoyo de las siguientes personas e instituciones culturales de México.

Sari Bermudez, Presidenta / Jaime Nualart, Secretario Tecníco B, CONACULTA (Consejo Nacional para la Cultura y las Artes)

Sergio Raúl Arroyo, Director General / José Enrique Ortíz Lanz, Coordinador Nacional de Museos y Exposiciones, INAH (Instituto Nacional de Antropología e Historia)

Elvira Báez G., Directora de Exposiciones Internacionales / Rogelio Granados, Jefe del Departamento de Proyectos / Victor Hugo Jasso O., Director de Museos, CNME-INHA (Coordinación Nacional de Museos y Exposiciones-INAH)

Felipe Solis O., Director / Patricia Real Fierros, Subdirectora de Museografía / Carlos Infante, Coordinador de Proyectos, Museo Nacional de Antropología, Mexico City

In closing, Ricardo Mazal extends a very special thanks to FONCA (Fondo Nacional para la Cultura y las Artes) for its invaluable support over the last several years, which has made this and other projects possible.

Finalmente, Ricardo Mazal agradece muy especialmente al FONCA (Fondo Nacional para la Cultura y las Artes), bajo el programa Sistema Nacional de Creadores Artisticos, por su invaluable apoyo en los ultimos años, que han hecho posible este y otros proyectos.

CONACULTA · FONCA
Fondo Nacional para la Cultura y las Artes

RICARDO MAZAL

LA TUMBA DE LA REINA ROJA FROM REALITY TO ABSTRACTION

was printed by Areagroup Media, Milan Italy. The fonts used in the design were of the families Futura and Gil Sans. The print run consists of two thousand copies, including one hundred fifty special edition copies, on one hundred seventy gsm Garda Matte paper.

se terminó de imprimir en Areagroup Media, Milano, Italia. La tipografía que se utilizó es de la familia Futura y Gil Sans. El tiraje consta de dos mil ejemplares, incluyendo una edición especial de ciento cincuenta, en papel Garda Matte de ciento setenta gsm.